写给孩子的古人日常生活

建筑的学问

大眼蛙童书 ◎ 编绘

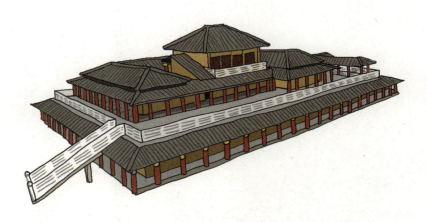

北京理工大学出版社
BEIJING INSTITUTE OF TECHNOLOGY PRESS

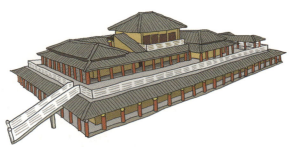

- 30 南朝四百八十寺
- 32 唐长安街上的里坊
- 34 绚丽多姿的街巷
- 36 诗情写意的山水园林
- 38 登封观星台
- 40 营造紫禁城
- 42 内九外七皇城四
- 44 前三殿后三宫
- 46 屋脊上的神兽
- 48 廊院
- 50 四合院
- 52 皇城相府
- 54 小桥流水人家
- 56 客家民居
- 58 古代城墙
- 60 各式各样的民居

目 录

- 02 自然赐予的居所
- 04 树上的『巢』
- 06 复杂的『巢』
- 08 新的成就
- 10 聚居的村落
- 12 夯出来的房子
- 14 王的宫殿
- 16 都邑的出现
- 18 修建阿房宫
- 20 秦砖汉瓦上的图案
- 22 汉武帝的上林苑
- 24 铜雀台
- 26 先秦两汉住宅
- 28 乱世黎民的避难所

自然赐予的居所

远古时期，人类是不会盖房子的。为了不被野兽侵袭和风吹雨打，人类只能选择居住在天然的洞穴里。《易经·系辞》曾记载"上古穴居而野处"，大意是说：上古时代，人们在天然的洞穴里居住，到野外去寻找食物。野外草木繁盛，常有猛兽出没，生活环境恶劣，单个人在这样的环境下是无法生存下去的，因此原始人往往几十个人住在一个洞穴里。

考古发现，距今70万年至20万年的"北京人"，就聚居在北京周口店的天然洞穴里。白天，他们一起去野外捕捉动物，采集野果，晚上则一起回到洞穴分享劳动成果。最初，北京人过着茹毛饮血的生活，还保留着一些猿的特征，在他们学会了用火取暖和煮熟食物，并学会制造劳动工具后，才渐渐脱离猿的特征，成为真正的人。考古人员在北京周口店发现了砍斫器、刮削器、雕刻器、石锤、石砧等物品。可见，北京人制作石器的技术比较成

刮削器　　　　　　砍砸器　　　　　　石锤

尖状器

石器

石器,用岩石加工制作而成的工具,是人类最初的主要生产工具。

熟。北京人不仅学会了使用火,还会用制造的工具猎取动物,采集植物果实,凭着这些原始的工具同大自然进行艰苦的斗争。

对于北京人来说,天然洞穴是大自然赐予的最好的礼物,能遮风挡雨,躲避野兽。但天然洞穴的空间有限,当人口增加,天然洞穴无法满足居住需求时,一些北京人就会被迫离开,去远处寻找新的住所。

树上的"巢"

有巢氏

燧人氏

伏羲氏

神农氏

轩辕氏

远古时期,长江以北的人都选择居住在冬暖夏凉的洞穴里,长江以南的人则选择居住在树上。南方水系发达,气候温热潮湿,地上爬虫较多,居住在洞穴里常受洪水和猛兽的侵扰。

为了寻找更舒适的生存空间,远古南方人采用了很多办法,比如搬到山顶洞穴居住,但效果不太理想。后来,有个聪明人从小鸟筑的巢那里获得了灵感,开始爬到树上去筑"巢"。他像小鸟一样,去捡一些树枝和杂草来筑"巢"。

建好"巢"不久,这个聪明人就发现,这种建在树上的"巢"不但有效隔绝了地面湿气和各种虫蛇,而且温暖明亮,通风良好,是非常理想的居所。于是,他就建议人们搬离地面洞穴,并教会人们如何在树上筑巢,终于使人们摆脱了地面湿气带来的病痛和爬虫的侵扰。人们为了报答他,便推选他为部落首领,并尊称他为"有巢氏"。

巢居是人类从天然居所向手工居所发展的过渡阶段,是人类文明进步的标志。筑巢为室,使得华夏先民得以安居一处。有巢氏位列五氏之首,被誉为华夏"第一人文始祖",可谓名副其实。

> **五氏**
>
> 指史前文明时期五个伟大人物,他们分别是有巢氏、燧人氏、伏羲氏、神农氏、轩辕氏。这五个人教会了人类建屋、取火、豢养家禽、辨别百草五谷、种地稼穑等,使人类摆脱了居山洞、摘树果、吃生食的恶劣生存状态,得以跟其他动物区别开来,成为众灵之长。

复杂的"巢"

在时间的长河里,人类总是在逆境中不断前行的。随着时间的推移,长江以南的原始人建"巢"的技术不断进步,他们开始尝试在地上建造房子。考古人员发现,早在7000多年前,浙江余姚的河姆渡人便用石斧、石刀、石锤等工具砍伐和加工木材,然后再用加工好的木材去建造干栏式房子。

原始巢居的发展演变

独木巢　　多木巢　　橧巢　　干栏

为了让房子建得牢固一些,河姆渡人又用石斧、石锛(bēn)等石器在木材上打造出凹凸

干栏式房子

干栏式房子是以竹木为主要建筑材料的两层建筑，下层放养动物和堆放杂物，上层住人。

加工榫卯构件

河姆渡人主要使用石斧、石锛、骨凿等工具，将砍伐来的木头加工成榫卯构件。

相配的榫卯。有了榫卯，用来搭造房子框架的木桩和木板就能紧密地连接在一起。在主体架构建好后，河姆渡人会选用比较粗壮的树杆做梁柱支撑屋顶。当用树枝和茅草将屋顶盖好后，一座牢固的干栏式房屋就建成了。为了美观，有的河姆渡人还会在房屋外建造走廊，甚至在房屋廊柱上雕刻花纹，或悬挂一些小配件。

考古人员还发现，河姆渡人不但会建造房屋，而且已经开始挖掘水井、种植水稻、圈养牲畜，甚至还会造船、制作漆器。

榫卯结构

指建筑中采用的将两个木构件凹凸部位相结合的一种连接方式。凸出部分叫榫，凹进部分叫卯，主要在建筑、家居中使用。在没有钉子的时代，使用榫卯结构可使建筑、家具的部件连接得更加牢固。河姆渡遗址出土了中国迄今发现最早的榫卯结构。

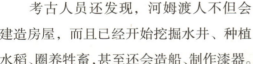

企口板

新的成就

原始人最初居住在天然洞穴里，当人口增加，天然洞穴不能容纳那么多人时，他们就开始尝试动手挖洞穴来居住。早在新石器时代，居住在黄河高坡的先民就利用黄土层厚达几十米、土质细密、含有石灰质、壁立不易倒塌的有利地形，凿洞而居。

原始先民挖的地下洞穴，有横穴与竖穴两种形式。横穴，是生活在高山上的先民在黄土断崖上尝试建筑的新居所。先民们利用手中简陋的工具，在黄土断崖或陡坡上横向开挖，上部挖成半圆拱形。拱越小洞穴就越小，反之就越大，小的洞穴只有几平方米，大洞穴可达几十平方米。横穴是我国最早的窑洞式住宅。

竖穴，是生活在坡地上的先民模仿天然洞穴而建造的地下住宅。先民们在黄土层由上而下挖掘洞穴，洞穴的形状口小肚大，样子像口袋，所以又称为"袋状穴"。

洞穴挖好后，先民们还在上面支好木头制成的支架，铺上茅草。简易的"帐篷"搭建好后，一个可以遮风挡雨的地下房子就建好了。

穴居发展序列示意图

 断崖上的横穴

 坡地上的横穴

 袋形竖穴（用枝叶、茅草临时遮掩）

 扎结成形的活动"帐篷"

 袋形半穴居屋

 直壁半穴居屋

 模拟穴壁的木骨泥墙，门仍开在屋上——宫的雏形

 "屋见于垣上"——宫内部空间称室

《易经·系辞》有云："上古穴居而野处，后世圣人易之以宫室，上栋下宇，以待风雨，盖取诸大壮。"大意是说：上古时候，人们居住在野外的洞穴中，后世的圣人建造房屋，改造了居住环境，房屋上有栋梁，下有屋檐，可以防御风雨侵袭，这大概是以大壮卦象及其自然取象为喻吧。这句话可视为对我国居所演变史最简洁的概括。

竖穴在使用中先是变为半穴，继而成为浅穴，最后完全上升到地面，形成了各种地上建筑的原型。不过，直到现在我国北方农村仍会挖掘竖穴（井窖）来贮藏物品。

09

聚居的村落

建造半穴式房子

先从地面向下挖一个方形或者圆形土坑，用坑壁做墙壁。 / 然后在地面上沿着坑边埋上一些一米来高的木棍。 / 为了抵御刮风下雨，再用泥巴加上草涂抹在木棍内外，弄成泥巴墙。 / 用火把泥巴墙烧硬。 / 最后再搭个像雨伞一样的房顶，一间半穴式房子就建成了。

　　远古时期，随着人口的繁衍，当一个地方再也容纳不了太多人时，氏族（原始社会由血统关系联系起来的人的集体）的一部分人就会向外迁移，于是产生新的氏族。当几个氏族聚集在一个地方居住时，一个新的部落（村落）就形成了。

　　新石器时代（公元前5000—公元前2000年）中期，几个氏族在黄河流域定居了下来，形成了一个新的村落。因为他们居住在今陕西省西安市的半坡村，所以被称为"半坡人"。半坡人居住在半穴式的房子里，这种房子一半在地面以上，一半在地面以下，屋前还修建门槛，用来防止雨水流进屋里。

　　半坡人的房子有圆形的，也有方形的，小屋比较多，排成一个大圆圈，圆圈中心有一座大房子，小房子的门都对着大房子开。房子大都是不规整的椭圆形，屋内都埋有灶膛。半坡人处于母系氏族阶段，氏族所有成员都有一个共同的老祖母，女子的财产支配权大于男子，所以住在小房子里的大都是女主人和她的临时伴侣。老祖母和孩子们住在大房子里，同时大房子也是部落首领们集会议事的地方。

　　《吕氏春秋·恃君览》记载："昔太古尝无君矣，其民聚生群处，知母不知父，无亲戚、兄弟、夫妻、男女之别，无上下长幼之道，无进退揖让之礼。"

可见，半坡人虽然以女性为尊，但人与人之间却没有贫富贵贱的差别，他们共同劳动，平均分配劳动成果。

半坡人主要靠打猎、捕鱼、种植谷物为生。他们用石镰或陶镰收割谷物，食用时用石磨盘、石磨棒脱谷皮碾碎，并用谷皮饲养鸡、鸭、猪、牛、羊、狗等家禽家畜。半坡人还制作了大批彩陶，彩陶上刻的大都是鱼形图案。为了防止野兽袭击和外族侵袭，半坡人还挖一条环绕村落四周的壕（háo）沟，用来围护部落。

夯出来的房子

石夯

大夯锤打木桩时，先搭好木架，上面用绳索，下面用木棍或粗绳子穿过大夯锤上的石洞，这样一来，拉上、放下，就有很大的撞击力把木桩打到地下去了。

住在部落里的人，因为较少受到外敌和野兽的侵扰，生活相对安逸。这也使得他们氏族里的男子有更多的精力用来发展畜牧业和最原始的农业，并使之逐渐代替渔猎。随着畜牧业和农业的发展，男子在生产和生活中的地位和作用越来越大，母系氏族社会也过渡到了父系氏族社会。居住在洞穴久了，容易得风湿病。为了自己的健康着想，加上不用担心野兽的侵扰，处于父系氏族社会的人，慢慢地由穴居转为搬到地上居住。

最初，人们在地面建房子时，会先圈定一定的面积，围绕这个面积挖一排小洞，用来插入圆木，向上集中蓬起屋顶，之后覆上茅草，四周再堆上一些土或草木围护整个地坑的上下空间，使之成为一个屋子。

为了不让屋子被雨水浸泡和被洪水冲走，人们想办法堆高屋子的地面。这种堆高的地面被称为台基，人们还通过夯打的方式使台基变得更加牢固。《史记·太史公自序》引《韩非子》提到，尧的房子"堂高三尺，土阶三等，茅茨不翦"。"堂高三尺"应当指地基高

建夯土房流程图

抄平放线

开挖槽基

搬土筑基

安置柱顶石

椽望安置

铺上茅草

房子建成

出了地面三尺,"茅茨土阶"则是指以夯土墙为墙身,以木架茅草为屋顶。由此可知,我国古代房子的结构可分为三大板块:地基、夯土墙身、木架茅草顶。后来,木架茅草顶逐渐演变成木瓦结构。

所谓夯土,就是将泥土压实。氏族社会时期,处于部落中央的大房屋作为人们常常聚会的地方,地面因被许多人踩踏而形成硬面,这种硬面坚实、平整、吸水率低。硬面的作用逐渐被古人注意到,于是,人们开始有意识地使用工具捶打地面,夯土技术就此产生。

夯土的大致方法是用干打垒分层夯实土层,在古代需要很多人聚在一起劳动,所以有夯土台基的房子一般都是用于集体活动的大房子。氏族社会晚期,很多大型祭祀遗址或部落中心建筑的地基均为夯筑,如甘肃秦安大地湾遗址,祭祀用的大房子内部地面,就是用草拌泥铺置后夯实。

王的宫殿

　　新石器时代中晚期，即父系氏族时期，贫富差距逐渐拉大。尧舜禹时期，部落领导占有大量的财富，成为王；一些大型部落也发展为史前城市，这就是文献所载尧舜禹时期的"邦国"。邦国之间为了掠夺资源，常常发生战争。为了加强防御，先民们便将大量泥土堆置在壕沟内侧，形成高坡，然后对土坡进行捶打加工。于是，一座用夯筑技术修建的夯土城墙便建成了。先民们不仅用夯筑技术修建城墙，还用它来修建王宫。

　　随着贫富差距越来越大，氏族社会开始走向了解体，我国的第一王朝夏朝建立了。国家出现后，原本处于部落中央的大房子就被王占有了。为了保护自己的私有财产，夏朝的一个国王在洛河畔建造了一座城邑，并修建了一座王宫，遗址便在今洛阳城偃师区，被称为二里头遗址。

　　公元前1600年，商朝取代夏朝成立后，因外忧内困，不得不屡次迁都。迁都殷

都（今河南安阳）后，为了能建造牢不可破的城池，商王武丁任命本为罪犯的版筑夯土墙匠人傅说为相，命他主管城池和王宫的建造。

传说建造殷都时，所用的主要建筑材料是黄土和木料，形成了"茅茨土阶""四重阿屋"式的宫殿建筑风格。商王宫的建筑相当宏伟壮观，为避免因地面潮湿而使宫殿木柱过早腐朽，商人修建起厚厚的夯土台基，开了我国宫殿建筑在高台之上的先河。商朝末年，还建造出文献记载的高台建筑——鹿台。

夯墙　　木夯　石夯　　筑板

版筑，即筑墙时用两块木板（版）相夹，板外用木柱支撑住，然后将泥土倒入两板之间，填满后，用夯杵夯实后拆去木板、木柱，即成一堵墙。打夯的工具有石夯、木夯。

鹿台

据传，鹿台是商纣王在朝歌（今河南淇县）所建的宫苑建筑，"其大三里，高千尺"。周武王伐纣时，和商纣王的士兵在牧野（今河南新乡）大战，纣军战败后，商纣王回到鹿台，自焚而亡。

都邑的出现

春秋战国时期，大大小小的都邑如雨后春笋般出现，《战国策·赵策三》写道："千丈之城，万家之邑相望也。"春秋战国时的都邑，是仿照周朝的王城形制建造的，比较著名的有齐国的临淄、赵国的邯郸、郑国的郑邑、秦国的咸阳等，其中以齐国的临淄最为发达。

齐国的都邑临淄有7万多人，是当时的大商业中心。临淄城内建有市、肆、里、

宫、馆、庙等。其中，市是商品交易的场所，肆是手工业匠人居住和生产的场地，里是贵族大臣聚居的地方，宫和庙是诸侯王的居所和祭祀的场所，馆是接待各国使者的场所。此外，都邑内还建造了王侯宴饮作乐的台榭陂池，以及统治者的陵墓。

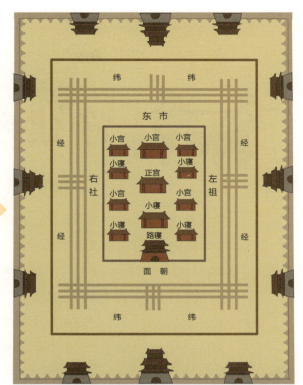

周朝王城平面图

周朝王城据传为周成王时周公所建，王城的建设布局体现了我国古代"左祖右社，前朝后市"的都城建造原则。整座王城有城门12座，有横向的道路和纵向的道路各九条，正中为王宫，左为宗庙，右为社稷，前有朝会群臣的殿堂，后有商业区、手工作坊。周朝王城是中国封建社会历代城市的范本。

修建阿房宫

公元前221年，秦始皇灭六国，建立了中国历史上第一个统一的多民族中央集权制帝国。秦始皇称帝后，为了巩固政权，统一了文字、货币、度量衡，还强迫六国贵族迁到秦国都城咸阳居住，致使咸阳人口大增。

由于咸阳城受到泾水和渭水的限制，无法向外扩建，为了解决咸阳城人满为患的问题，秦始皇下令征发几十万名"犯人"，在龙首原西侧建造新的朝宫——阿房宫。

阿房宫包含两大建筑群，一个是前殿建筑群，另一个是"上天台"建筑群。前殿建筑群包括阿房和前殿。阿房又叫阿城，位于阿房宫前殿夯土台基

上天台

阿房宫中祭祀天神的建筑物,现今重现的上天台,是根据有关史料营造,高19.8米。

祭地坛

阿房宫中祭祀土地神的活动场所,专供皇帝祈祷五谷丰登之用。现今重现的祭地坛,是根据有关史料营造,高11米。

之上,是前殿及其附属建筑的外垣。前殿现存一座长为1320米、宽420米、最高处约为9米的长方形夯土台基,是世界上最大的宫殿基址。《史记·秦始皇本纪》记载:"前殿阿房东西五百步,南北五十丈,上可以坐万人。"

"上天台"建筑群包括上天台和祭地坛。上天台供帝王祭祀天神,祭地坛用于祭祀土地之神和祈祷五谷丰登。可惜,阿房宫还没建好,秦朝就灭亡了。据传,西楚霸王项羽进入咸阳后,放了一把火烧毁了阿房宫。

秦砖汉瓦上的图案

秦汉时期是我国历史上第一个强盛时期。这一时期，建造了许多大型宫殿，如阿房宫、未央宫、建章宫等。这些宫殿的建筑和装饰都非常华美，壁画、壁饰充满各个角落。于是，后世便用秦砖汉瓦来纪念和说明这一时期建筑装饰的辉煌和鼎盛。但秦砖汉瓦并不是专指"秦朝的砖、汉朝的瓦"，而是泛指秦汉时期的青砖和古瓦。

其实，早在新石器时代，我国先民就已用火烧制砖块。不过，先民们早期大都用砖块来建造墓地。考古人员在西周贵族大墓群中就挖掘出空心砖、条砖和板瓦。春秋战国时期，砖、瓦已被用来建筑宫室，砖上还雕刻花纹。

秦朝时，秦始皇下令建造阿房宫，他对建筑装饰要求非常严格。工匠不但要烧制出"敲之有声，断之无孔"的砖，还要在砖上刻几何、龙纹、凤纹、游猎、宴饮等图案。秦朝灭亡后，汉高祖就在距阿房宫不远处修建未央宫。未央宫的布局与阿房宫大体相似，都呈长方形，四面筑有围墙。未央宫的砖瓦上刻画的内容也与秦朝时大体相同。

汉武帝建造上林苑时，秦砖汉瓦上的图案比秦朝时更为丰富多样。砖上刻画的图案有阙门建筑、人物、乐舞、车马、狩猎、驯兽、击刺、禽兽、神话故事等。

汉朝四神瓦当

青龙 　　白虎 　　朱雀 　　玄武

汉朝文字瓦当

延年益寿 　　长乐未央 　　汉并天下 　　汉朝画像砖

先秦瓦当

鹿雁狗蟾瓦当 　　双獾纹瓦当 　　葵纹瓦当 　　云纹瓦当

四叶云纹瓦当（秦晚期）

秦朝龙纹空心砖

但秦朝和汉朝的瓦当还是有一定的区别的。秦朝时的瓦当大多为圆形带纹饰，纹样主要有动物纹、植物纹和云纹三种；而汉朝瓦当的图案更为精美生动，最具代表性的是王莽时期的四神瓦当。汉朝还出现文字瓦当，常见字体有小篆、鸟虫篆、隶书等，文字多为"千秋万岁""长乐未央"等吉祥语，布局疏密有致，既具图案之美，又充分表现了中国文字的独特之美。

汉武帝的上林苑

秦始皇曾在渭水之南建造一座上林苑。上林苑属于苑囿式园林，里面建有囿、台、沼等。其中，囿是指保留有飞禽走兽供君王游猎的树林，台是指供狩猎时瞭望的建筑，沼则是指豢养禽鸟的水池。苑囿式园林是为了专供帝王狩猎和观赏各种动植物而建造的，最早建造这种园林的人是周文王。《诗经·灵台》记载了百姓为周文王建造灵台，以及周文王游赏灵囿、灵沼的情景。

公元前138年，汉武帝在秦朝的旧址上扩建了上林苑。上林苑遗址在现在的西安市的西南，地跨蓝田、长安、户县、周至等数县。

经汉武帝扩建后的上林苑总面积约2500平方公里，有丰富的天然植被和人工植被，养育众多禽兽，还建有众多的台榭、池沼，堪称我国古代巨型的动、植物园。其中有专供帝王朝会、理政的大型宫殿建章宫，用来观赏歌舞的宣曲宫；有用来住宿的御宿苑，用来招待宾客的思贤苑；还有用来观赏禽兽的犬台宫、射熊馆、观象观、鱼鸟观、白鹿观等，以及用来种植奇花异树的青梧观、葡萄宫、扶荔宫等。其中以扶荔宫最为出名，里面种植有多种南方的奇草异木，有山姜、香蕉、

龙眼、荔枝、菖蒲等。

上林苑还有许多池沼，有昆明池、影娥池、琳池，太液池最为出名，其中昆明池是最大的人工湖。此外，上林苑还建有大量的手工作坊。

《汉官旧仪》记载："苑中养百兽，天子春秋射猎苑中，取兽无数。其中离宫七十所，容千骑万乘。"可见，上林苑规模之大，宫室之多，世罕其匹。可惜，王莽篡位后，各地起义风起云涌，上林苑最终被战火所毁，成为一片废墟。

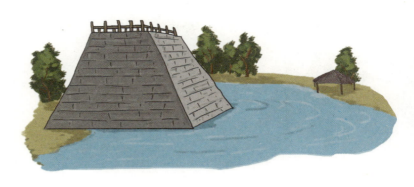

灵台

古台名，故址在今陕西西安西北，据传为周文王所建造，用天然的土丘夯筑而成。灵台主要用来瞭望，这种建筑在春秋战国时期，逐渐演变为与宫室同等重要的台榭，秦汉时期则成为皇宫苑囿中宏伟雄峻的台殿楼观，最终积渐为我国建筑中"亭台楼阁"的传统。

铜雀台

自从周文王利用天然的土丘建筑灵台后,历代帝王均借助"高台榭,美宫室"来彰显自己的功绩。春秋战国时,晋灵公想造九层之台,可惜三年还没建成;魏襄王建造"中天台",妄想建到天的一半高;吴王夫差建造"姑苏台","高达三百丈",上面建有馆娃宫、春宵宫、海灵馆等。秦汉时期,秦皇汉武建造的上林苑亦是高台林立。

考古发现,春秋战国古城遗址就有不少错落布置的高大土丘。最初,考古人员以为这些土丘是古代陵墓的坟丘,经过多方考察后才确认,这些土丘其实就是古代的台榭建筑物。其中以20世纪70年代在咸阳市发掘的一座台榭建筑遗址最为出名。这座台榭建筑遗址其实是秦朝咸阳城内的一座宫殿,由多幢台榭构成,台榭之间还以架空的阁道相连。

可见,台榭建筑在秦朝已成为皇宫苑囿的重要建筑物。两汉时期,台榭式建筑得到进一步发展。东汉末年,曹操统一北方后,就在邺城建造了三座高台,即铜雀台、金凤台和冰井台,其中以铜雀台最为出名,其形制(物体的形状和构造)沿袭了先秦的风格特点,是我国古代台榭式建筑的顶峰。史载,铜雀台高达63米,台上又建有五层楼。楼顶还放置高达10米左右的铜雀。铜雀台到明朝末年已基本被毁,地面上只留下台基一角。

铜雀台是曹操处理国事和宴请宾客的地方。曹操经常在铜雀台上设宴,请名流学士们

咸阳宫一号遗址复原图

咸阳宫一号宫殿建在一座长60米、宽45米、高6米的夯土台上。以夯土台为中心，周围建有空间较小的单层建筑物将夯土台包围起来并逐层收进，越靠近夯土台，建筑物就越高，而处于中心位置的建筑最高，从而形成二三层的金字塔形建筑群。

东汉五层陶楼

这座陶楼再现我国汉朝重楼建筑的风格和特点。重楼是我国最早出现的纯木台榭建筑，由单层构架重叠成楼，平台多采用方形或矩形，各层柱子不相连贯，各成独柱，因而稳定性比较差。重楼建筑最早出现在战国时期，在汉朝则得到普遍的发展。

冰井台

相传冰井台有三座冰室，冰室下有冰井，主要用来存放冰块、粮食和盐。

在台上饮酒作赋，形成了以曹操父子三人为中心的"邺下文人集团"，掀起了我国诗歌史上文人创作的第一个高潮，后来人们将"邺下文人集团"创作的文学作品称为"建安文学"。

高台作赋

据传，铜雀台建成后，"邺下文人集团"的人员，如曹操、曹丕、曹植、王粲、刘桢、陈琳、徐干、蔡文姬、邯郸淳等，常聚集在铜雀台吟诗作赋，抒发渴望建功立业的雄心壮志。

先秦两汉住宅

早在西周时期，我国住宅的基本形式就已经形成。据《仪礼》所载，春秋时期，士大夫的住宅大体包括四个部分，前部为门，门内有院，再次为堂，堂后有室。门是面阔三间的建筑，中间为门，称为明间，是办公的地方；左右次间为塾，是家族子弟读书的地方。院是花园庭院。堂相当于现在的客厅，是生活起居、接待宾客、举行典礼的地方。堂的左右是东西厢房，堂后是坐卧的寝室。其中，内室与门的平面布置，一直延续到汉初。

汉朝贵族的住宅，外有正门，由左、中、右三部分组成，屋顶中间高左右低。正门边上有个小门，一般用于日常出入，有重大事件时才开正门。正门之内有中门，与正门一样可通马车。正门旁边有用来留客的小房间，称为门庑。正门后是前堂，前堂左右是书塾。

前堂后面用屏风之类的大块木板隔绝外宅和内宅。内宅有用来居住的房屋，也有用来宴饮时观看歌舞的后堂。这种布局是由春秋时期的前堂后室扩展而来的。汉朝出现了方形、

先秦住宅

先秦时期，住宅通称为宫或室。宫为总名，指整座住宅，包括环绕着住房的围墙；室只是指宫里的住室（房子）。秦汉后，宫才变为帝王住所的专称。先秦时的房屋主要由门、庭、堂、阶、室构成。

刻在汉砖上的庭院

石砖上的住宅分左右两部分，左侧有门、堂，是住宅的主要部分，右侧是附属性建筑物。左侧外部有大门，门内分为前后两院，均用回廊绕之。后院的正面，有三开间的正屋。右侧也分为前后两个院子，也用回廊绕之。前院较小，右边有厨房，左边有井和晒衣架等，后院内有一座高楼，楼前有楼梯。

中堂

古代将客厅称为中堂。在传统家居的布局中，厅堂布局是最为讲究、最为严格的。在中堂正中央显眼位置，悬挂四尺整张吉祥寓意的大字，再在左右配上对联，对联正中还会悬挂祖先肖像、山水画等，字画下面则摆放四仙桌或八仙桌、扶手椅或太师椅成对，加上长条案和花架等组合而来的家具。

圆形、长方形等多种形式的窗户，并有各种窗棂。汉朝贵族住宅除了有门、塾、堂、厢、室等主要建筑外，还有车房、马厩、厨房、仓库和仆人的住房。建筑形式多为木结构和干栏式，有用围墙组成的三合院、四合院，也有二三层楼的坞壁式住宅。

乱世黎民的避难所

西汉末年，外戚王莽夺权建立新朝，推行复古改制，引起天下大乱。王莽天凤年间，北方地区外有匈奴入侵，内有绿林军、赤眉军等农民起义。

战乱之时，乡亭里的百姓往往成为乱兵和强盗掳掠的首选对象。为了自卫，一些豪强地主或者大族族长组织召集宗室子弟、乡里邻居或一些逃难而来的难民，修建坞壁，

并组建私人武装来抵御乱兵和强盗。由于坞壁基本都是以某个豪强家族为中心建立的，所以坞壁属于家族性质的军事防御建筑，坞壁的首领通常被称为"坞主"或"宗主"。

北方的坞壁在外观上有点像城堡，周围建有高墙，有前后门，前门上有门楼，便于瞭望。围墙的四个角上建有角楼。门楼、角楼和围墙的高处都开有瞭望孔或射孔，大门常有卫兵把守。小的坞堡只有十多户人家，大的则有上千户，整个坞壁就相当于一个小王国，而且是独立于中央政治之外，不受中央政府的管辖。

东汉时，北方这样的坞壁就有600多座，而且都拥有独立于国家政权之外的武装力量。东汉建立后，为了加强中央集权，汉光武帝曾下令摧毁坞壁，但禁之不能绝。魏晋南北朝时期，外族入侵，战乱频繁，为了保护乡民，北魏还推行宗主督护制，承认坞壁的合法地位。直到唐朝，坞壁才渐渐衰落，但也没有完全消失。

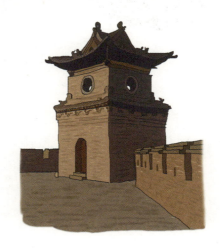

楼橹

指古代供守兵瞭望敌军动静的无顶盖高台，顶端设望楼，以瞭望瞰制敌城。

南朝四百八十寺

　　魏晋南北朝时期是我国历史上最为激荡、动乱的大时代。当时民族关系异常复杂，社会矛盾非常尖锐，以致"人人厌苦，家家思乱"，战乱连绵不断。常年战乱，人们生活苦不堪言，要想从现实的痛苦解脱出来，获得心灵的救赎，就需要宗教作为精神寄托。于是，佛教传扬"转世轮回""因果报应"的观念，深受封建统治者和普通百姓的欢迎。

　　南朝的君主和官员们大都信奉佛教。佛教在梁武帝时达到了极盛，许多贵族都舍宅为寺，梁武帝就"出家"四次。梁武帝还大力支持兴建寺庙，当时仅建康一地就有寺庙500多所，僧尼10万多人。唐朝诗人杜牧的《绝句》"南朝四百八十寺，多少楼台烟雨中"，就描述了南朝都城建康寺院林立的情景。

　　南朝的寺院多为木材构筑，寺塔基本上是汉朝的"重楼"，只是顶部加上了佛教的象征物，即"刹"的部分。

　　北朝北魏的统治者也非常推崇佛教，先是在山西大同开凿云冈石窟，迁都洛阳后，又

嵩岳寺砖塔

位于河南省登封市太室山南麓,建于北魏正光元年(520年),是我国现存最古老的砖砌佛塔,塔高40余米,15层,各层之间都有力士、鸟兽等青砖雕饰,刀工细腻,造型活泼。

云冈石塔

云冈石塔是仿照云冈石窟内的造像石塔建成的建筑物。造像石塔位于山西大同市的云冈石窟的东部石窟内,始建于北魏时期,石塔分为石雕塔和浮雕塔,石雕塔为石窟中的塔柱,方形,1级至5级不等,浮雕塔最高不超过5层。

南朝寺院

南北朝时,南朝皇帝和官员们大都信奉佛教,全国有大大小小的佛寺上千所,僧尼上万人,最高峰时有寺院2846所,僧尼82700人。

在洛阳开凿了龙门石窟。北朝北魏末年,北魏的寺院竟然达到了3万余所。

南北朝时,最富有创造性的寺塔当属嵩山嵩岳寺砖塔。它不仅是唯一一座用中国式出檐来建造塔顶的寺塔,而且砖造的高度达到40余米,标志着我国砖结构技术的巨大进步。

龙门石窟的卢舍那大佛

唐长安街上的里坊

唐朝都城长安是我国古代城市规划里坊制实行的最典型代表。唐朝长安城按里坊制规划居住区域。里坊制由周朝的闾里制发展而来。

《周礼》记载，周朝在天子王城附近的区域被称为"郊区"，稍远的地方则被称为"甸区"，这两个区域都归王城管辖，统称为王畿。郊区将相邻近的25户人家称为"里"，甸区则将相邻近的25户人家称为"闾"。闾里制使得周朝城市以方格网的形式呈现出来。城市里的每一块方格用地都大致相等，每一个方格用地就是一"里"或一"闾"。

周朝这种以闾里制为主的社区设置和管理模式，一直延续到汉朝。南北朝时，北魏将周朝创建的"里"和"闾"改称为"坊"或"里坊"。里坊四周筑有高墙，只在坊口建大门，称为坊门，而闾里制也相应地被称为里坊制。

里坊制的城市规划布局具有鲜明的特点：一是坊市分离，即居住区和商业区分开；二是内外同构，即坊与坊、里与里，坊与里，整齐划一，结构相同。

唐朝长安城的整体布局就体现了里坊制的特点。唐朝长安城分为宫城、皇城、外郭城三大区域，这三大区域严格分开，绝不混杂。宫城建在城北的中央地区，南面是皇城。皇城里设置了官府衙门、仓库、禁卫军等。皇城东、西、南三面被外郭城包围。

外郭城共分成108个坊，每个坊都有高高的坊墙包围四周，只有坊门

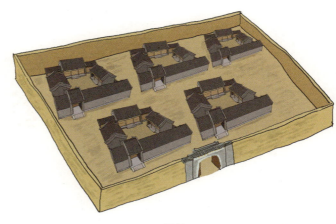

里坊

里坊四周都建有高墙，中间设十字街，高墙仅开一个门，叫"里门"或"坊门"。唐朝对坊的管理统一以鼓声为准，早上五更二点皇宫鼓声响起，坊正将坊门打开；晚上鼓声敲响，坊正就要关闭坊门，不许人员出入，连官员也不可以。夜晚，街道执行宵禁，不准在街道上行走，否则要打二十大板，即使是官员也不例外。

可供出入。一个里坊就是一座小城，整座长安城就是小城连小城、大城套小城而形成的，其布局正如白居易所描写的"千百家似围棋局，十二街如种菜畦"。

长安城内有南北大街11条、东西大街14条。在东西大街主干道两侧设置交易市场，称为东市和西市，各占南北两坊之地，市内建有120多个不同行业的商店。东市主要为贵族大臣服务，西市则以西域商人的店铺为主。

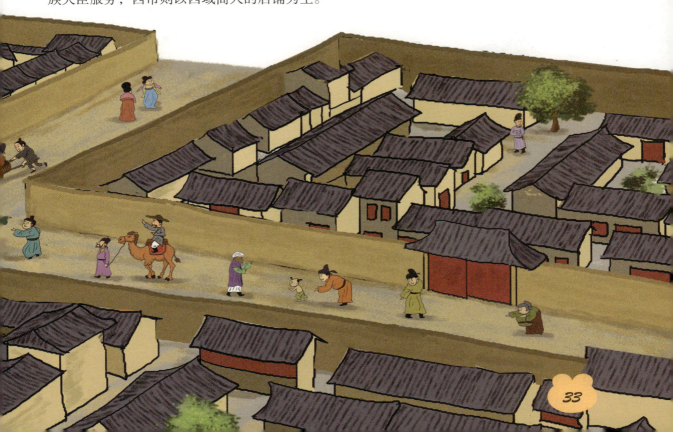

绚丽多姿的街巷

随着城市经济的发展，唐朝时那种坊市（住宅与市场）分离的城市格局，已经不再适应城市的发展，里坊制逐渐走向解体。宋朝发达的商品经济，使城市突破坊市的界限，街道两旁、居民区、坊巷桥头等都有人做买卖，临街设店、坊市合一在当时已经非常普遍了。

从北宋画家张择端画的《清明上河图》可以看出，北宋都城汴京的街道上，唐朝长安城那种整齐划一、棋盘式的里坊制城市布局已不复存在，取而代之的是坊市合一的街巷制。北宋的建筑用地十分自由，房屋有大有小，户型多样：有院子闭合，只在临街处设门的；有临街房屋用来开店，后屋用来居住的；也有两座或三座横列的房屋中间用穿堂穿联起来，呈工字形的大住宅。为了增大空间与采光度，有的房屋还在立柱顶使用斗拱。

料敌塔

即河北省定州市开元寺塔，我国现存较高的古砖塔，塔身十一级，因是宋朝为了防御契丹，用于瞭望敌情而建的，故名"料敌塔"。

斗拱

宋朝舞亭

斗拱，是我国木结构建筑中的一种支撑构件，常见于立柱和横梁交接的地方。从柱顶伸出的弓形肘木叫拱，拱与拱之间的方形垫木叫斗，合称斗拱。

舞亭原本是神庙戏台，即戏曲演出场所。史籍记载宋朝露台或舞亭已经成为当时许多神庙必备的建筑之一，而在商品经济发达的城市，特别是宋朝都城汴京，舞亭所演的戏剧不再以祭祀为主，转而以娱乐为主，最终导致瓦舍勾栏和茶园剧场的产生。

宋朝汴梁是当时世界最大的城市之一，人口达137万人，绝大多数建筑都是砖木结构。街道两边的屋宇鳞次栉比，除了住宅外，还有作坊、仓库、酒楼、戏馆、餐饮店、瓦子（游艺场）、脚店、肉铺、庙宇、公廨（官吏办事的地方）等。城市的繁荣带来娱乐业的发展，宋朝出现了木制的舞亭、舞楼。为了防火，每个坊都设有一座望火楼，楼下有"潜火兵"驻守，专门负责消防工作。

宋朝的房屋外形多种多样，颜色也非常艳丽。那时，人们大都用油漆来粉刷窗棂和梁柱，使房屋看起来非常鲜丽。北宋也不像前朝那样只用木头来建房屋，而是尝试用砖块和石头建造房子，并用砖块砌成筒体结构的砖塔。

诗情写意的山水园林

我国的山水园林是从奴隶社会时期的囿苑式园林发展而来的。最初我国先民的主要生产活动是渔猎，后来慢慢发展为种养定居。种养定居需要圈定土地来种植粮食和驯养家畜家禽，于是被圈定的土地就被称为"囿"。进入奴隶社会后，帝王会不定时地举行狩猎活动，那些被圈定为狩猎区域的土地，也就成了种植植物和圈养动物的"苑囿"，比如周文王建造的灵囿，以及汉武帝扩建的上林苑。

汉朝除了皇家园林外，一些豪强还修建了以山水为主题的私家园林，比如梁孝王的兔园、东汉大将军梁冀的花园。这些私家园林都在园中挖水池、造假山，模拟自然山林水涧的风貌，所以被称为山水园林。三国两晋时期，战乱频繁，朝不保夕，士族豪强不再对政治感兴趣，

金谷园

西晋大富豪石崇的别墅，在今洛阳金谷洞内。此园随地势建筑亭台楼阁，挖凿水池豢养珍禽奇鸟，园内池沼碧波，百花竞艳，犹如仙境。

芙蓉园

隋唐两朝的皇家禁苑，位于曲江池南岸，建有紫云楼、彩霞亭、凉堂，以及用山石掇叠成的蓬莱山，凿有芙蓉池与曲江池，是当时皇族、僧侣、平民聚会游玩的地方。

掇山

指用自然山石掇叠成假山的工艺过程，包括选石、采运、相石、立基、拉底、堆叠中层、结顶等工序。

为了寻求精神上的解脱，他们将情致转移到自然山水风景中，建造了许多以真山真水为蓝本的山水园林，如西晋时石崇的金谷园。

隋朝时期，修建山水园林比魏晋南北朝更兴盛，艺术水平也大为提高。隋炀帝在洛阳建造西苑时，在方圆40里的内湖中建造了三座"神山"，沿湖建造的十六院均为独立的园林。

唐宋时期，人们在建筑园林时将山水写意画中的写意构思以园林的空间形式表现出来，更增添了山水园林的诗意美感。唐朝比较著名的山水园林有芙蓉园和大明宫西苑，而宋朝宋徽宗赵佶建造的艮岳则是唐宋写意山水园林的典型代表。

宋徽宗赵佶酷爱山石，为了营造艮岳，命人广罗天下花木奇石，分批送往汴京，安置于艮岳。艮岳采用了叠石、掇山的技巧建筑大量假山，千姿百态，突破秦汉以来宫苑"一池三山"的规范，将诗情画意移入园林，建造大量的雕栏曲槛、亭台楼阁。因而，艮岳被称为有史以来最为优美的游娱苑囿。

登封观星台

古人认为,根据天象的变化可推断出人间要发生的大事,因此,天象(星象)成了古人用来占卜吉凶的依据。作为世界上天文学起步较早的国家之一,早在原始社会,我国先民就已会观天象,尧帝时就设有专门从事"观象授时(观测天象以确定时间)"的天文官。

我国古代天文学家为了更好地观察天象,设计制造出了许多精巧的观察、测量仪器,比如测量日影长短的土圭、用来计时的日晷、用来测量天体球面坐标的浑天仪等。

我国历代统治者自诩为天子,认为天象变化与自己的地位息息相关。为了能最快得到天上的信息,他们一般都会在皇城建造天文台,只是历代天文台的叫法不大相同。夏朝叫清台,商朝叫神台,周朝叫灵台。汉初改为清台,后来又改为灵台。唐朝叫仰观台或司天台。北宋在开封设立了四座天文台,南宋在临安建了两座天文台,一座为太史局司天台,一座为秘书省测验所。

周公的土圭

土圭是3000多年前周公制造的一种测量日影长短的工具,构造简单,在垂直地面立一根杆,通过观察它影子的长短来推算时间。

日晷

古代用来观测日影计时的仪器。"日晷（guǐ）"意为"太阳的影子"。古人在圆形的刻盘上刻出时刻，中间立有晷针，利用太阳投在晷针上的影子的长短及方位变化来确定时间。

浑天仪

浑仪和浑象的总称，浑仪是用来测量天体球面坐标的仪器，浑象是用来演示天象的仪表。西汉时落下闳（hóng）发明了浑天仪，东汉时张衡对其进行改进。

简仪

现存南京紫金天文台上的简仪，是明朝按郭守敬的简仪仿制而成的，集候极仪、立运仪、四游仪、正方案、星晷定时仪五种仪器于一体，用它测定28星宿，其精确度史无前例。

郭守敬和王恂

郭守敬和王恂都是元朝杰出的天文学家，他们共同完成的《授时历》以365.2425日为一岁，而现代历法以365.2422日为一岁，两者仅差25.92秒。郭守敬还先后制造和改进了简仪、仰仪、正方案等十几种天文仪器。

　　元朝入主中原后，在上都建立了司天台，后来又在各地建造观星台，其中以河南的登封观星台最为出名。

　　登封观星台为元朝天文学家郭守敬所建，据说其原址早在周朝就已经用来观测天象，所以当地人又称它为"周公测景台"。其实，测景台就是测影台，就是通过测日影来确定时间。郭守敬在建造这座观星台时，是将整个观星台当成一个表来建造的：高台中央的门为表端，由36块石板铺成的路为圭。现存的登封观星台是经过明朝修整的，圭长31.19米，台高9.46米，台上设有两间小房子。

　　元朝的观星台都毁于战火，明清两朝的观星台坐落于北京建国门立交桥旁，至今保存完好。

# 营造紫禁城

明成祖朱棣的皇位是从侄子建文帝手中夺来的，名不正言不顺。朱棣称帝后，在南京城里时常做噩梦，这让他更加思念自己的封地燕京（今北京）。

公元1403年，许多来自江浙等地的南方富豪和农民迁到刚改名为北京的燕京城里，富豪在城里做买卖，而农民则在郊区开荒种地。两年后，身在南京城的朱棣愉快地接受了大臣们的建议，决定在北京修建一座新的宫殿。于是，一场浩大的营造新宫殿的工程开始了。

为了建造北京皇宫，明成祖朱棣派遣工部大臣奔赴四川、湖广等地，深入崇山峻岭中采伐楠木，并从水路将木材运到北京。这个伐木工程整整持续了13年，因为南方山岭中常有虎豹蛇蟒出没，异常凶险，进山伐木跟送死差不多，可谓"入山一千，出山五百"，许多大臣和百姓因此丢掉了性命。开采石料的工程也同样艰辛。北京故宫最大的丹陛石，是由一块完整的石块雕刻而成，据传，光开采这块石头就动用了1万多名民工和6000多名士兵。

运送木材

搬运丹陛石

故宫的木材选用的是比较珍贵的楠木,并且楠木多生长在崇山峻岭中,木材被砍伐下来后,要先从深山中转运到水源河道,顺长江转运到淮河,再顺运河或者出海运到塘沽,最后才送至北京。

据传,仅将丹陛石运至北京城,就需要动用数万民工,沿途修路、填坑、挖井,在低温时泼水成冰道,用了整整28天才运到宫中。

明永乐七年(1409年),朱棣以巡狩的名义住在今北京中南海西北的临时宫殿。明永乐十年(1412年),朱棣再次跟大臣们说起自己迁都北京的想法,这次没有大臣再提出反对意见。明永乐十八年(1420年),北京紫禁城(今称故宫)基本建成,朱棣终于搬进了皇宫。

北京皇宫以南京皇宫为蓝本,按《周礼·考工记》中"左祖右社,前朝后市"的帝都营建原则建造。北京城则是在元大都的遗址上修建。明皇宫和北京城始建于永乐年间,明英宗正统年间各城门的瓮城、天坛、地坛、日坛、月坛才陆续建成,并修建了玉熙宫、大光明殿,至此皇宫和北京城才正式完成。

内九外七皇城四

老北京有句俗话，叫"内九外七皇城四，九门八点一口钟"，其中"内九外七皇城四"形象地概括了北京城的城市规划布局。北京城分为紫禁城、皇城、内城、外城四个部分。紫禁城又叫宫城，也就是今天的故宫，地处北京城中央，被皇城环绕，皇城又被内城所

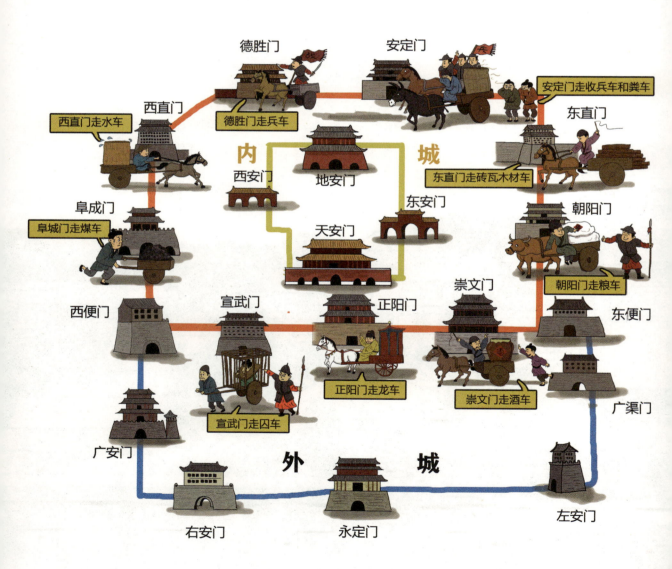

环绕，内城又被外城所环绕，整个城市规划布局就是大城套小城。而皇城居中，则体现了中国古代一中辖四方的文化观念。

皇城是拱卫宫城的城池，是国家重要机关单位的驻扎地，建有宗庙、官衙、内廷服务机构、仓库、防卫，以及园林苑囿等建筑。皇城四周建有砖砌而成的城墙，城墙外墙涂成朱红色，墙顶用黄色琉璃瓦覆盖。皇城外还有人工挖掘的围绕城墙的护城河。

护城河

古代用于防守的河，由人工挖掘而成，环绕整座城、皇宫、寺院之类的主要建筑物，可以防御敌人或动物入侵。紫禁城护城河，环绕紫禁城外围的护城河，建成于明永乐十八年（1420年）。

"皇城四"就是指皇城城墙的四个门，即承天门、东安门、西安门、北安门。承天门几经修建成为现在的天安门，而东安门、西安门、北安门（清时改为地安门）现已不复存在。

"内九"指的是内城城墙的九个门，建成于明正统四年（1439年）。这九个门建成后，始建于明永乐四年（1406年）的北京城才算正式建成。内九门各有各的用途，朝阳门走粮车，崇文门走酒车，正阳门走龙车，宣武门走囚车，阜成门走煤车，西直门走水车，德胜门走兵车，安定门走收兵车和粪车，东直门走砖瓦车、木材车，这就是俗话说的"九门走九车"。

内城南面还有外城，始建于明嘉靖三十二年（1553年），原计划围绕整个内城，因财政匮乏，仅建成南面那部分，所以又称为南城。"外七"是指外城城墙的七个门，分别为永定门、左安门、右安门、广渠门、广安门、东便门、西便门。

清军入关后，内城被八旗官兵所占领，汉民则一律迁至外城居住。因八旗子弟住在皇城四门之外、内城九门之内，所以当时旗人将自己的居住地称为"四九城"。

华表

又称华表柱，古代立在宫殿、陵墓等大型建筑物前做装饰用的大石柱，柱身大都雕刻龙凤图案，上部横插雕花的石板。天安门共有四座汉白玉华表，与天安门均建于明朝，前后各一对，天安门前的叫"望君归"，天安门后翘首宫内的叫"望君出"。

43

前三殿后三宫

鼓楼

位于北京城中轴线的地安门外大街北端,是明清两朝的报时台,击钟鼓时先快击18响,再慢击18响,快慢相间计6次,共108响。

钟楼

位于鼓楼以北100多米处,北京中轴线的北终点,正中立有八角形的钟架,悬挂重63吨的大铜钟一口。这口铜钟是中国现存最大、最重的钟。

紫禁城是明清两朝帝王居住的宫殿,坐落于北京中轴线的中心。紫禁城呈不规则的长方形,有十来米高的城墙围绕,城墙外还有护城河。紫禁城城墙建有四座城门:南边是午门,北边是神武门,东边是东华门,西边是西华门。

北京故宫占地面积为72万平方米,有大小宫殿70多座,房屋9000多间,其中最重要的建筑物是被称为前三殿,后三宫的太和殿、中和殿、保和殿以及乾清宫、交泰殿、坤宁宫。

前三殿和后三宫都建在紫禁城的中轴线上,这条线也是北京城的中轴线,向南从午门到天安门延伸到正阳门、永定门,往北从神武门延伸到地安门、鼓楼、钟楼、全长约8公里。因此,去

故宫游玩时,一般从天安门入午门,一直往北,沿途经过前三殿、后三宫,到达御

花园，出了顺贞门，往北就到了紫禁城的北门——神武门。神武门的对面就是明末崇祯皇帝殉国处——景山公园。

最初，人们刚会建筑房子时，都把房子称为"宫"或"殿"，直到秦始皇统一中国后，"宫"和"殿"才成为皇帝所居建筑的专称。一般来说，殿是帝王举行典礼或处理政务的地方，宫则是帝王生活起居的地方。因此，故宫

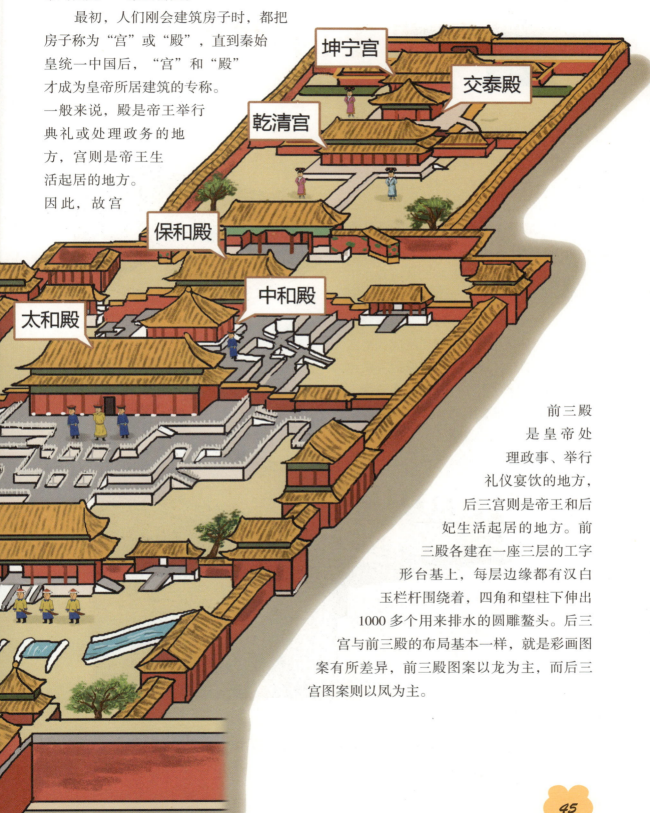

前三殿是皇帝处理政事、举行礼仪宴饮的地方，后三宫则是帝王和后妃生活起居的地方。前三殿各建在一座三层的工字形台基上，每层边缘都有汉白玉栏杆围绕着，四角和望柱下伸出1000多个用来排水的圆雕鳌头。后三宫与前三殿的布局基本一样，就是彩画图案有所差异，前三殿图案以龙为主，而后三宫图案则以凤为主。

屋脊上的神兽

我国古代宫殿屋顶多为庑殿顶，屋檐前后左右四面都有斜坡，前后两坡相交成为正脊，左右两坡与前后两坡相交形成四垂脊，统称为五脊。重檐庑殿顶，是在庑殿顶之下，又有短檐，四角各有一条短垂脊，共九脊。

庑殿顶屋脊上一般都安放脊兽，正脊上安放吻兽或望兽，垂脊上安放垂兽，戗脊上安放戗兽，屋脊边缘处则安放仙人走兽。屋脊上的小兽用瓦制成。皇宫一般用琉璃瓦，最初是为了保护木栓和铁钉，以及固定和支撑脊的连接部位。后来，人们将屋脊上的小兽奉为神兽，认为它们可以"护脊消灾"。于是，屋脊上的神兽具有了消灾灭祸、逢凶化吉之意。

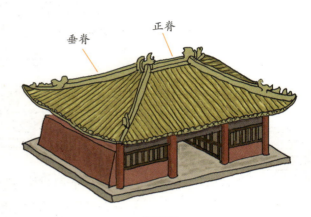

庑殿顶

约出现于先秦时期，由一条正脊和四条垂脊组成，在中国古代是各屋顶样式中等级最高的，常用于皇家建筑以及大型寺院、宫观。

太和殿上的走兽

据《大清会典》记载，太和殿上的10只走兽的名称和排序为：龙、凤、狮子、天马、海马、狻猊、狎鱼、獬豸、斗牛、行什。其中天马与海马、狻猊与狎鱼之位可互换。

龙象征皇权

凤象征祥瑞

狮子象征勇猛威严

海马象征忠勇吉祥，智慧与威德通天入海，畅达四方

天马意为神马，是吉祥的化身

狎鱼是海中异兽，寓意其兴云作雨，灭火防灾

狻猊是龙九子之一，有护佑平安之意

獬豸有神羊之称，象征公正无私，又有压邪之意

斗牛为传说中的镇水兽，可镇水患

行什是传说中的雷震子，用来防雷

屋脊上的神兽还具有区别等级的作用。等级不同，安放的神兽数量和种类也不同，神兽越多级别越高。屋脊上神兽的数量多为奇数，最多只能放9个。但现在故宫太和殿上的脊兽却有10个，所以太和殿可以说是所有建筑中脊兽唯一俱全的，显示了它至高无上的地位。

骑凤仙人

骑凤仙人是屋脊边缘处安放的仙人走兽中的首立兽。

龙吻

龙吻是我国古代屋脊上的装饰物。太和殿屋顶正脊的两端，有一对重约4吨的龙吻，高3米多，宽2米多，由13块琉璃构件组成，又称为"十三拼"。龙吻具有防止雨水渗入的作用。

太和殿

廊　院

　　从古至今，从南至北，庭院一直是我国人民的居住方式。庭是指围墙内建筑四周的空地或围墙合围的中心空地；院是指围墙以内的空地，在堂后与内室之间。

　　我国庭院建筑有廊院式和合院式两种布局。廊院式院落，是指在院子的中轴线建造主屋，用回廊将院内的房屋连接起来，或左右建屋，而不是四面都建房；合院式则四面都建有房屋。

48

二里头遗址一号宫殿复原图

我国早期的廊院式建筑，庭院构成的主要因素"门"与"堂"已经出现，庭院四周回廊环绕，在布局形式上已形成中轴线对称的格局。

廊庑

指在屋檐下面、正房两侧建造的有顶的通道，包括回廊和游廊，是院内游玩时遮阳、防雨和休息的地方。

交椅

即折叠椅，最初称为胡床，东汉时从西域传入中国，隋朝时改为交椅，南宋后又称为太师椅。

夏商周时期，我国住宅的庭院式布局已经形成，既有体现"门堂之制"的廊院，也出现了向纵向方向发展的合院。秦汉时期，廊院式建筑得到了进一步发展，除了门和堂之外，还出现了塾、厢、室。

南北朝和隋唐时期是廊院式建筑发展的高峰期。在唐朝，不管是宫殿，还是民宅，通常都在主屋与门屋间的两侧用廊子连成廊院。唐朝庭院的建筑主体，比如门、前院、前堂、后室、后庭等，都在中轴线上的正中间，周围都被廊亭围合，或是被东西南北回廊围合。富豪之家的园林式廊院的庭院内还有假山和水池，作为围墙的回廊在四角还建有角楼，院中一般有两个至三个殿堂，房子的墙壁用白粉刷白墙。

唐朝时，虽然人们已经广泛使用桌子和椅子，喝酒吃饭时不再席地而坐，但房屋内一般不会出现桌、椅、床等家具，只有在用餐时才会搬出桌凳，晚间入睡时才会拿出被褥。

晚唐时，是廊院式院落的衰败期，当时出现具有廊庑的四合院，这种四合院逐渐取代了廊院。宋朝以后，廊院逐渐减少，到明清逐渐绝迹。

四合院

中国的庭院建筑向来只有两种布局，一种是廊院式，另一种就是合院式。明清时期的四合院是由晚唐时具有廊庑的四合院发展演变而来。四合院，又称四合房，是中国的一种传统合院式建筑，其格局是在东、西、南、北四面建筑房屋，将院落合围在中间，形成一个"口"字形的院落。

四合院，其实就是三合院前面又加门房的院落，种类多样，有"口"字形的一进院落、"日"字形的二进院落、"目"字形的三进院落，此外还有四进以及五进院落。

四合院采用中国传统的对称方法建筑，一般依东西向的胡同而坐北朝南。正房建在南北向纵向的中轴线上，东西向横轴线上则建对峙的东西厢房。正房一般是长辈居住，中堂是待客的地方，东厢是长子居住，西厢则是次子居住，用人住在倒座房，闺中女儿住在院子最深处的后罩房。这种住房安排，其实也反映了中国"长幼有序""男女有别"的儒家礼教观念。

中华人民共和国成立后，北京许多四合院变成了大杂院，由原来的一户一住，变为许多户人家一起合住，人口多时可达100多人。

影壁

又称为照壁，古称萧墙，一种用来遮挡视线的墙壁，有两种类型，立于大门内称为内影壁，立于大门外称为外影壁。最著名的影壁是九龙壁，我国现存三座颇负盛名的九龙壁，分别是北京北海公园九龙壁、北京故宫九龙壁和山西大同九龙壁。

三进四合院

被称为"典型"式"理想"四合院。第一进院是由倒座房所居的窄院，第二进院由厢房、正房、游廊组成，第三进院是正房后的后罩房，正房东侧耳房又开一道门，来连通第二和第三进院。

三合院

汉朝岭南民居建筑类型之一，一般由三幢房子组成一个"凹"字形，有围墙合围的称为封闭式三合院，没围墙围住的称为开口式三合院。

皇城相府

明朝末年，正遇到小冰河期，连续几年冬天都非常寒冷，像广东这种南方温暖的地区都连续降了好几场暴雪；夏天则是北方遇到了大旱灾，南方却是洪涝灾害。连年灾荒，使得老百姓种的庄稼颗粒无收，粮食都差不多吃完了，整天饿肚子。为了不被饿死，许多饥饿的百姓纷纷加入李自成领导的起义军。明朝关内大乱，关外也不太平。明朝大将袁崇焕因擅自杀害大将毛文龙，被崇祯皇帝处死。连失两员大将，明朝在关外已经没有抵抗清军的名将。清军不断出兵进入关内，侵扰关内居民，致使天下大乱。

为了抵御流寇，崇祯六年（1633年），居住在山西的陈昌言决定建筑高墙，将陈氏府邸合围起来，使它变成一座集民居和城防工事为一体的城堡。经过8个月的努力，这座城堡终于建成，被称为斗筑居。斗筑居的城墙建有5座大门，墙头布满了垛口，重要的地方还建有堡楼；同时，在东北、东南角的制高点建春秋阁和文昌阁；城墙内四周建有藏兵

御书楼

位于皇城相府西门外，为陈廷敬三子陈壮履所建，楼内现存康熙御匾"午亭山村"以及对联"春归乔木浓荫茂，秋到黄花晚节香"。

陈廷敬和康熙字典

康熙字典是中国收录汉字最多的古代字典，康熙四十九年（1710年），由张玉书、陈廷敬等在明朝梅膺祚《字汇》、张自烈《正字通》两书的基础上加以增订，历时6年编纂而成。

洞；山河楼则建在内城北部。

　　清康熙年间，陈昌言的侄子陈廷敬入朝为相后，在斗筑居外扩建府邸，建成后称为"中道庄"，是为外城，与内城斗筑居合称为"午亭山村"。后因康熙帝曾两次留宿在午亭山村，故又称之为"皇城"，现在被称为"皇城相府"。

小桥流水人家

古代,人们常用"上有天堂,下有苏杭"来赞叹江南的美景可与天堂相媲美。江南地区是我国传统民居建筑的发祥地之一。早在距今约 7000 年的河姆渡文化时期,江南先民就在此巢居(在树上建屋居住)。明清时期,江南成为全国经济最发达的地区。

明清时,江南民居主要是干栏式建筑,黑瓦、白墙、砖石木构是其最显著的特征。江南地区水系发达,民居注重前街后院,前门通巷,后门临水,每家自有码头,供洗濯、汲水和上下船之用。有些地方,前面楼下为店铺,楼上为住房。左右邻居用高高的马头墙相隔断。街道一般分为水街和旱街,水街上建桥,用来连通两岸的旱街。

由于人口密集,江南民居平面布局与四合院大体相似,但院落面积很小。住宅大门建

檐廊	马头墙	乌篷船
江南地区临水而建的屋子在底层延伸出一排屋顶，下面设有栏杆，两者共同构成的檐廊，可用作店铺和聊天的场所。	又称风火墙，指高于山墙的墙顶部分，形状酷似马头，高低错落，一般为两叠式、三叠式，最多为五叠，具有隔断火源的作用。	江南地区独特的水上交通工具。

在中轴线上，迎面正房为大厅，后面内院常建二层楼房，底层是砖结构，上层是木结构。由四面房屋围成的小院称为天井，因雨水常从四面屋顶内侧坡流入天井，所以这种住宅布局又称为四水归堂。

江南地区河湖交错，水网纵横，小桥流水、古镇小城、田园村舍，如诗如画，难怪被称为"小桥流水人家"。

四水归堂

江南民居采用平面布局方式，住宅的大门多开在中轴线上，迎面正房为大厅，院子与天井内外连通，东西两侧常配有厢房，后面院内常建二层楼房，雨水常从四面屋顶内侧坡流入天井，寓意水聚天心，称四水归堂。

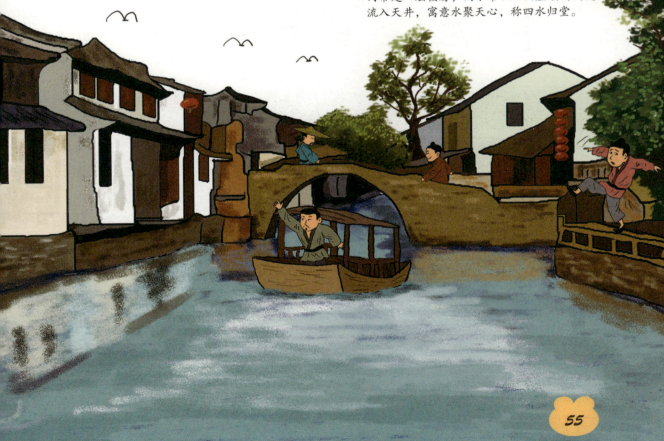

客家民居

西晋末年，为躲避战乱，许多北方汉民南迁，之后又历经几次大动乱，南宋时逐渐在福建、广东、广西等地定居。

客家人聚族群居，一般许多户人家聚居在一座住宅中。住宅大多建在偏僻山区或深山密林。为避免遭受豺狼虎豹、盗贼以及当地人袭扰，客家人便建筑具有抵御功能的城堡式住宅。

客家土楼

夯土作墙建筑而成的集体建筑，呈回形、方形、半圆形、四角形、簸箕形等。楼内既可住人，又可饲养禽畜，挖有水井，只一扇大门，御敌时将大门一关，让几名青壮年守护大门，即可高枕无忧。

客家排屋

又称排屋楼,是碉楼和排屋相结合的传统民居建筑。屋前有风水鱼塘,中间有空旷的禾坪,左邻右舍墙瓦相连,还建有高耸入云的碉楼,具有很强的防御功能。

客家围龙屋

客家围屋中最典型的建筑样式,前半部为半月形池塘,后半部为半月形房舍建筑,两两相合将堂屋(正屋)围在中心,形成完整的圆形。堂屋后是半月形围屋,与两边横屋的顶端相接,正屋居中,样式有两堂二横一围龙、三堂二横一围龙……最多五围龙。围屋面积小的上千平方米,大的上万平方米。

这种住宅主要有客家围屋、客家排屋、客家土楼三大类型,风格各异,但功能大致相同。

与传统民居一样,客家民居朝向也是坐北朝南,用木梁来承重,用砖、石、土为原料砌土墙。用实土夯筑而成的客家民居,楼房高耸,墙壁又厚又结实,大多是3层至6层的高楼,有100间至200间房,呈橘瓣状排列,有的还建有炮楼。

客家民居大多数用当地的黏质红土为主要原料夯筑墙体。修筑墙体时,一般都在红土中掺杂适量的石灰和小石子,重要部位掺入糯米饭、鸡蛋清增加黏性,以及加竹片、木条作为墙骨增加拉力。这样经过反复夯筑,墙体就会坚硬得像钢铁一样。墙体外面还涂抹一层防风雨侵蚀的石灰,使墙体更加坚固。因此,客家民居防风抗震的能力非常强。

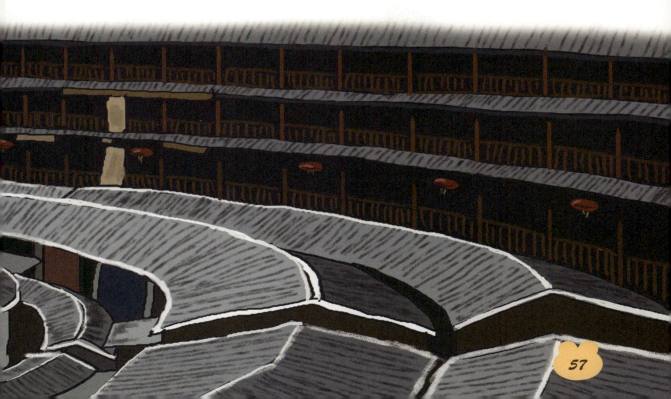

古代城墙

我国古代城市的周围都建有又高又厚的城墙,用来保护人民的生命财产安全。因此,古代城墙并不是一堵简单的墙,而是一种军事防御建筑,由城门、角楼、马面、瓮城、护城河等多种防御工事组成。

城墙的出现,源于早期人类的聚居。远古时期,为了防御野兽侵袭,聚居在一起的部落便在村落周围挖掘壕沟。后来,为了争夺领地,各部落之间经常发生战争。为了抵挡敌人的进攻,各部落便在壕沟旁边堆起了高高的土堆,于是最早的城墙出现了。

我国古代城墙一般包括城市城墙和边界城墙。城市城墙是指为防守而建筑在城市四周的高墙,包括一切城市的内城墙和外城墙。城墙上一般都设有藏兵洞,用来供士兵居住和囤积物品。我国现存较为完整的城市城墙,有西安城墙、平遥城墙、荆州城墙、兴城城墙、开封城墙等。

边界城墙是指为抵御外敌而在边境建筑的城墙。早在3000多年前,周朝就为了抵御北方游牧民族的袭击,在边界修建城墙。春秋战国时期,为抵御外族侵略,秦、赵、燕三国在北边国界处建造"小长城"。秦灭六国后,秦始皇将这三个国家的"小长城"连在一起,并

马道

就是人或运输物品的马登城墙时所用的斜坡，建在城墙内，一般两条相对呈八字形。

角楼

城墙转角凸出之处的城楼，作用和望楼一样，是用来观测敌情的。

马面

城墙外侧建筑凸出的实心墩台，有圆形和长方形，样子有点像马面。

箭楼

是瓮城上的城楼，箭楼朝外的墙上布满密密的箭孔。

瓮城

指城门外修建的半圆形或方形的护门小城，敌人进入瓮城，只要把门关上后就可以瓮中捉鳖。

进一步大规模修建，于是"万里长城"出现了。此后，长城历经汉、唐、宋、明等王朝长达2000多年的修建，逐渐成为我们现在看到的"万里长城"。我国长城可以说是世界上建筑时间最长、工程量最大的边境城墙。

各式各样的民居

我国疆域辽阔,各地气候相差较大,所以南北各地建造的房屋也就不同。南方湿润多雨,房屋多建在水边,粉墙黛瓦,与小桥流水相伴;北方寒冷干旱,民居多矮小或建筑在地下,与黄土地融为一体。

我国民族众多,不同民族的房子在布局、造型和风格上各具特色,呈现出不同民族的生活习惯。比如,蒙古族人生活在草原,四处游牧,居住在蒙古包里;傣族人生活的地方多虫蛇,居住在竹楼上……

布达拉宫

位于西藏拉萨市区西北的玛布日山上,始建于公元7世纪,是松赞干布为迎娶文成公主而建的,是世界著名的宫堡式建筑群。现占地41万平方米,共999间房屋,宫体主楼13层,高117米,5座宫顶覆盖镏金铜瓦,是藏族古建筑艺术的精华。

广府镬耳屋

岭南传统广府民居，多用青砖、石柱、石板砌成，内部格局是广东典型的三间两廊式合院，因在屋的两边墙上建有两个像镬耳一样的挡风墙而得名。

湘西吊脚楼

西南方少数民族特有的建筑形式，属于干栏式建筑，框架完全用木材和榫卯接合方式建成，一边的墙建在水边，伸出长长的"脚"插进江水，另一边的墙建在岸上。

陕西窑洞

北方黄土高原传统民居，起源于远古的穴居，主要有土窑洞、石窑洞、砖窑洞等，一般高约3米，宽约3米，深8米左右，最深可达20米。洞口均朝阳，室内温度、湿度宜人，冬暖夏凉。

傣族竹楼

傣族固有的典型建筑，属干栏式建筑，用竹子或木头建造，上层住人，下层拴牲畜。堂屋设火塘，是烧茶做饭的地方；外有开敞的前廊和晒台，是吃饭休息、接待客人的地方。

藏族碉房

又称"碉楼"，具有居住和防御功能，用石块石片垒砌而成。碉房一般有三四层，一层养牲畜；二层住人，由居室、堂屋、厨房、走廊组成，外墙留有烟道；三层为经堂和库房，外墙设有瞭望口。

61

版权专有　侵权必究

图书在版编目（CIP）数据

写给孩子的古人日常生活. 建筑的学问 / 大眼蛙童书编绘. -- 北京：北京理工大学出版社，2024.10
　　ISBN 978-7-5763-2390-0

Ⅰ.①写… Ⅱ.①大… Ⅲ.①社会生活—中国—古代—儿童读物②古建筑—建筑文化—中国—儿童读物 Ⅳ.①D691.93-49②TU-092.2

中国国家版本馆CIP数据核字（2023）第089073号

责任编辑：王梦春　　**文案编辑**：李晴晴
责任校对：刘亚男　　**责任印制**：李志强

出版发行 / 北京理工大学出版社有限责任公司
社　　址 / 北京市丰台区四合庄路6号
邮　　编 / 100070
电　　话 /（010）68944451（大众售后服务热线）
　　　　　　（010）68912824（大众售后服务热线）
网　　址 / http://www.bitpress.com.cn

版 印 次 / 2024年10月第1版第1次印刷
印　　刷 / 三河市嘉科万达彩色印刷有限公司
开　　本 / 787mm×1092mm　1/16
印　　张 / 16
字　　数 / 280千字
定　　价 / 198.00元（全四册）

图书出现印装质量问题，请拨打售后服务热线，负责调换

写给孩子的古人日常生活

吃喝的礼节

大眼蛙童书 ◎ 编绘

北京理工大学出版社
BEIJING INSTITUTE OF TECHNOLOGY PRESS

- 30 跟张骞吃烤全羊
- 32 奢侈荒诞的盛宴
- 34 舌尖上的唐朝
- 36 到古代，吃茶去
- 38 穿越到宋朝叫外卖
- 40 宋朝美食与苏东坡
- 42 朱元璋的乡饮酒礼
- 44 来自海外的粮食
- 46 宫廷菜与江湖菜
- 48 灾荒时的保命粮
- 50 吃不饱的皇帝和浪费的太后
- 52 古代粮食之战
- 54 食盐争霸战
- 56 五味调和
- 58 各地美食
- 60 节日美食

目 录

- 02 来了，来了，火来了
- 04 烹饪，让『人』进化为人
- 06 捕猎和豢养
- 08 你耕地来我舂米
- 10 最早的锅
- 12 最早的酒
- 14 王的筵席
- 16 古代的食礼
- 18 筷子的礼仪
- 20 百味之王
- 22 御厨的顶级调料
- 24 食物的保存
- 26 主食与果蔬
- 28 回到汉朝去做客

来了，来了，火来了

很久很久以前，人类的始祖刚出现在地球上时，心智未开，什么生产技能都不会，只能像野兽一样依靠本能，采集野果、植物的根茎（葛根、山药）来填饱肚子。即使偶尔能捕捉到小动物，却因不会使用火，只能生吃。这样的觅食方式，即使是在果实丰盛的夏天还经常饿肚子，在食物匮乏的冬天就更难挨了。一到冬天，许多原始人就会在饥寒交迫中失去生命。这种没有火煮食和取暖的日子过了很久很久。

采集野果

挖掘葛根

捕鱼捞虾

捕捉野兽

篝火法
即不断地往火堆里投入木柴，使其继续燃烧，保持火种不灭。

阴燃法
不用火时，将正在燃烧的树枝和小树干埋入灰烬，使其能够长时间地燃烧而不熄灭；用火时，再扒开灰烬，添草木引燃。

其实，自然界很早就有了火，火山爆发有火；打雷下雨时，被雷电击中的森林里也会起火。原始人最初看到火时，跟其他野兽一样，怕得要死，能逃多远就逃多远，哪敢靠近它呢？直到有一天，原始人捡到被火烧死的野兽，刚一吃就被熟肉的味道深深吸引了。

为了能得到更多的熟食，原始人试着将未燃尽的木头带回居住的山洞。慢慢地，原始人发现将枯枝败叶放在火上，能让火烧得更旺，于是人类终于学会了延续火种的方法。

在用火的过程中，原始人也逐渐学会了保存火种的方法。1927年，考古人员在北京

钻木取火

指用硬木棒对着木头不断摩擦或钻进去的方式取火的方法，钻木取火的方法传说是燧人氏发明的。

钻燧取火

指用黄铁矿或赤铁矿打击燧石，用迸出的火花点燃干燥的树叶来取火，传说这种取火方法是黄帝发明的。

周口店挖掘出了烧过的兽骨、小树干、石块和木炭块，以及许多没有充分燃烧的小树干。这证明早在70万年前，北京人已经学会了保存火种的方法。又过了几十万年，古人终于学会了人工取火。

烹饪，让"人"进化为人

　　会用火之后，人类结束了茹毛饮血的蒙昧生活，这是人类进化史上的一个里程碑。火，不但能带来光明和温暖，还能让野兽因怕火而不敢攻击人类，人类的安全终于又多了一份保障。有火就有熟食，熟食容易咀嚼、消化、吸收，能增强人的体质，促进人体器官特别是脑的发展。熟食还能扩大食物来源，减少疾病的发生。

　　考古发现，与远古祖先猿人相比，直立人（距今约180万—50万年前）的牙齿与身体变小，脑部变大了。生物学家普遍认为，这些变化都是因为原始猿人吃烹饪过的食物而引起的。熟食比生食软烂，咀嚼时间比生食要短，代谢消耗的能量也就比生食少，提供给大脑思考的能量就多了。

　　当原始人类能经常用大脑思考问题时，心智就开了，不再像野兽那样依靠本能觅食，开始学会利用和制造工具，帮助自己获得更多的食物，于是古猿人就变成了智人。可以说，从生食到熟食的转变是人与动物相区别的标志之一。

刚学会用火时，因为没有炊具，原始人只知道把猎取的动物和采摘回来的食物直接扔进火堆烤熟。可以说，烧烤是人类最早的烹饪方法。但这种烹饪方法烤出来的食物，往往外面烧成了炭，里面却还是生的，不仅口感差，还浪费。

为了减少食物的浪费，原始人绞尽脑汁改进烹饪技术，逐渐掌握了许多加工烹制食物的方法，比如串烤、炮烧、石烹等。其中，石烹作为我国古代一种原始的烹饪方法，又分为石烹法和石上燔谷法两种。

串烤
将捕猎回来的动物切割成薄薄的小块，然后串在木棍上放在火上烤，这样能更好地掌握火候，使肉不会被烤糊。

石上燔谷法
直接将食物放在烧红的石块上，使食物被烙熟。这种烹饪方法，可以说是最原始的石板烧了。

石板烧
先将石板放在两块石头上，生火将石板烧热后，再将食物放在石板上烤熟。

炮烧
用黏土或树叶将食物包裹起来，再丢进火堆里烤熟的方法。现在的传统名菜叫花鸡就是用这种方法制成的。

石烹法
将动物皮（牛皮）铺垫在挖好的坑内，将水和食物放入动物皮内，之后再不断地往水中丢入烧红的石头，直到肉被煮熟。

捕猎和豢养

人类自从学会用火烹饪食物后，不但身体越来越强壮，头脑也越来越发达灵活。身体变壮后，人类就可以到更远的地方寻找食物。头脑发达后，人类就变得更聪明了，学会了使用工具，还学会了制造工具。

当时间进入新石器时代，人类制造和使用的工具越来越丰富。用来捕猎陆地动物的工具有石矛、弓箭、石斧、石球、飞石索等，用来捕鱼的则有用骨头制成的鱼钩、鱼叉、鱼镖等。原始人还学会用骨头制造可以模仿动物叫声的骨哨，通过哨声将动物吸引到自己的身边，以便捕猎。

骨鱼镖
一种猎渔的工具，要接上长木柄后才能使用，凸节前拴有绳索。

鱼钩
一种用骨头磨制成的用于垂钓的鱼钩。

鱼叉
鱼叉是用来捕鱼的骨制工具。

石球
一种袭击猎物的工具，用时将其用力抛出去，砸晕猎物。

06

骨哨　　　　　　　　　弓箭　　　　　　　　　飞石索

一种用动物骨管制成的哨子，可用来模拟鹿的叫声，将其吸引来后，再伺机捕捉。

弓箭是一种远距离的狩猎工具，原始社会时期，弓箭的箭头多用石头、骨头磨制而成。

一种用于狩猎的工具，在绳子两头系着两个石球，用时将石索甩出，砸晕或绊倒猎物。

　　工具越先进，捕捉到的猎物就会越多。当猎物吃不完时，原始人就将一些活捉回来的猎物豢（huàn）养起来。一些食草类和杂食类动物，如牛、马、羊、猪、狗等，被人类豢养后，变得温顺了许多，有的还生下了幼崽。这使得人们发现豢养动物可比捕捉动物更容易获取更多的食物，于是人类开始尝试驯养动物。古人称为"六畜"的马、牛、羊、鸡、犬（狗）、豕（猪），在新石器时期就已被驯养成功。从此以后，被驯养的动物逐渐取代狩猎而来的猎物，成为人类肉食的主要来源。

你耕地来我舂米

学会制造工具后,人类能捕猎的野生动物越来越多,导致野生动物的数量越来越少。后来,完全依靠狩猎和采集的方式来寻觅食物,已经无法满足人口增长的需要。于是,人类开始想方设法寻找更多的食物来源。除了豢养动物外,人类还通过种植可食用的植物(发

石磨盘和石磨棒

新石器时代,我国古人用来碾磨粟、黍等谷物的工具,用时将谷物放在石磨盘上,再拿石磨棒反复碾磨谷物,可使谷物去壳。

陶刀

新石器时代收割谷穗的刀具,呈长方形,两侧有凹腰,或中间穿孔,用时系上绳索套在手指上,再割取禾穗。

石杵和石臼

一种给稻谷去壳的工具,最早出现在河姆渡时期,用时双手握住石锤不停地在石臼中上下捶捣,这个给稻谷去壳的过程又叫"舂(chōng)米"。

骨耒耜　　　木耒耜　　　石耒耜

耒耜是我国最早用来翻整土地的农具,传说是神农氏(炎帝)发明的,有骨耒耜、木耒耜、石耒耜。

展农业)的方式来解决食物不足的问题。

那人类是怎样学会种植庄稼的呢?我国古人一致认为这与神农有关。为了寻找更多可以种植的可食植物(庄稼),神农带领部落民众无数次尝食百草。经过长期的采集和观察,逐渐了解了一些可食植物的生活习性,经过多次试种后,终于将一些可食植物栽培成农作物。同时,在栽培农作物的过程中,古人又不断制造适用于农事生产的工具,如陶刀、耒耜(lěi sì)等。

考古发现,早在8000—9000年前,我国先民就成功种植了粟(小米)、黍(黄米)、稻(水稻)等谷物。7000多年前,居住在长江以南的河姆渡人开始大面积种植水稻。6000多年前,居住在长江以北黄河流域的半坡人开始大面积种植粟,并成功种植了白菜和芥菜。

最早的锅

自从人类学会用火煮食后，"炮生为熟""石烹"的烹饪方式，持续了相当长的一段时间。不过，这两种烹饪方法烧制的食物太干，每次吃完都需要喝大量的水才能解渴。当时，用来盛水、运水的石器又小又重，每次只能运回一丁点儿水，怎么办呢？

新石器时代早期，有一天，有个人将涂裹了泥巴的鸡（叫花鸡）放进篝火里烧制，

陶釜 陶灶

陶釜：新石器时代发明的一种圆底炊具，是我国最早的锅。
陶灶：新石器时代发明的一种上面可放炊具、下面可烧柴火的可移动灶。

陶鼎

新石器时期出现的用来煮肉的炊器，功能类似于现在的火锅，上体圆形深腹，下体三足，有的有双耳，带盖。

陶甑

古代一种圆形、底有孔的陶制炊器，可放在鼎、釜等上面蒸饭。

米
箅子
水

陶甗

新石器时代发明的一种蒸煮器，上面的陶甑放食物，下面的陶鬲放水，中间放着有孔的箅子。

晾晒陶坯

和制黏土

不久他就忘记这事。过几天后，当他从灰烬里把叫花鸡扒出来时，发现经火烧制的泥巴变得像石头一样坚硬，从中切开后，不仅保持原来的形状，还可以来用装水，更重要的是它比运水的石器轻多了。

为了能制造这样轻便的盛水容器，人们就试着用树枝编制成各种器皿，然后在其表面涂抹上厚厚的黏土，最后放入火堆中烧。经过不断的尝试，人们终于烧制成不易透水的容器。这容器就是最原始的陶器。

尖底陶瓶

古代一种汲水工具，小口尖底，有可供系绳的耳，用时将绳子抛于水中，待灌满了水浮起后，提起或背回家。

陶壶

新石器时代发明的一种船形容器，壶体有两个孔，用来系绳携带。

我国古人认为陶器的发明者是昆吾、神农、黄帝、舜帝。于是，古籍上就有了"昆吾作陶""神农耕而作陶""黄帝作釜甑（zèng）""舜陶于河滨"之类的记载。然而，考古发现，我国古人早在一万多年前就已经学会制陶。比如，河北、广东、广西等地就发现了距今约一万年的陶器碎片。

最初的陶器，基本是饮、食、器共为一体的。新石器时代，远古先民制造出的炊具主要有釜、灶、鼎、甑、甗（yǎn）等，其中釜是最早用来烹煮食物的"锅"，后来人们又以釜为原型，制造出了鼎、甑、甗等。除了炊具外，远古先民还制造用来盛水的容器——尖底瓶和陶壶。

入窑烧制

雕刻花纹

搓成长泥条

手工修整

将泥条盘成陶坯

拍打成型

最早的酒

仪狄造酒说

史籍中有"仪狄始作酒醪,辨五味"的记载。酒醪就是现在的醪糟,由糯米发酵而成,味甜。可见仪狄制造的酒是黄酒。传说仪狄把酒献给夏禹,夏禹喝后虽觉得口感甚佳,但以喝酒误国为由疏远仪狄。

我国是世界上酿酒最早的国家之一。不过,酒在我国到底是谁发明的,至今还没有定论。根据古籍记载,关于酒的起源主要有三种说法,分别是仪狄造酒说、杜康造酒说、猿猴造酒说。这些传说是不是史实,已经不可考,但从考古挖掘出的大量资料来看,我国发明酿酒技术的时间,要比上述传说早得多。

考古发现,我国先民早在新石器时代早期,距今9000多年前就已经学会了酿酒。我国最早的酒看起来跟现在的甜酒差不多,可以连汁带渣一起饮用。这样的酒无法用窄小的酒壶盛放,所以最早的酒器主要是大口宽体的器

杜康造酒说

古籍中有"杜康始作秫酒"的记载,秫酒就是现在的高粱酒。传说,杜康是黄帝掌管粮食的大臣,他曾将多余的粮食放进枯死的树干里储藏,过一段时间后,杜康发现储粮的树干渗出了带有酒香的液体。杜康从中受到启发,终于学会了酿酒。

猿猴造酒说

古书中有许多关于猴子酿酒的记载,传说每年春夏时,猿猴都将采集的花果放在石洼中,然后用石块将石洼盖住,秋冬时石洼里的果实经过长时间的发酵后,自然就酝酿成果酒了。

古代宴饮图

古代，人们饮酒时用陶碗喝酒，用勺子将酒从陶罐中舀出来。

皿，饮用时要用勺子将酒舀出来。这一时期，主要的酒器有罐、瓮、盂、碗等。

夏商时期，我国的酿酒技术已相当成熟，当时上层社会饮酒成风，在许多宴席上经常看到酒的影子。这一时期，我国用青铜制造的酒器有提梁卣、觚、爵、斝等。

周朝时，酿酒技术又得到了提高，出现了不同品类的酒，比如按时间分类有"三酒"：现酿的新鲜酒叫事酒，放置一段时间的酒叫昔酒，经过一段时间陈酿和沉淀后不含渣滓的酒叫清酒。

斝　觚　爵　提梁卣

斝（jiǎ）、觚（gū）、爵（jué）、提梁卣（yǒu）都是商朝的酒器，提梁卣出土时里面还装有3000多年前商朝的古酒。

从先秦到汉朝，我国的酒主要有两大类：一类是用重曲酿成的酒，属于当时的烈酒；一类是用粮食或水果酿造的酒，属于甜酒。这两种酒的酒精度数都不高，直到宋朝，我国才出现了酒精度数较高的蒸馏酒——白酒。我们现在喝的酒一般是白酒。

漉酒图

古代先民祭祀时，把酒倒在捆束好的茅草上，酒渣被茅草过滤出来，酒汁从茅草流出，渗入地下，象征酒被祖先饮用了。这个祭酒的过程就叫漉酒或缩酒。后来，先民用漉酒的方式制造了没有渣的清酒，并用麻布代替茅草来滤酒。

王的筵席

筵席，是食用成套的饭菜及其台面的统称，又称为酒席。最初的筵席开始于祭祀鬼神、祖先的活动。祭祀时，古人通常都会在祭台上摆放物品表达心意，于是祭品和用于陈列祭品的礼器应运而生。

古代最隆重的祭品是牛、羊、豕（猪）组成的"太牢"，其次是羊和豕组成的"少牢"。夏朝时，青铜器开始出现，祭祀的青铜礼器主要有食器、酒器、水器、乐器四大类。青铜食器有鼎、敦、豆、簋（guǐ）、簠（fǔ）等，青铜酒器有觚、斝、爵、觥（gōng）、尊等，青铜水器有盘、匜等，青铜乐器有铙、钟、鼓等。其中盛肉的鼎是最重要的礼器。

青铜敦	青铜豆	青铜簋	青铜簠
盛放黍、稷、稻、粱等食物的食器	盛放肉和咸菜的食器	盛放米饭的大碗	盛放稻、粱的食器

每逢大祀，祭祀时还要击鼓奏乐、吟诗跳舞，礼仪颇为隆重。礼毕，开始纳福。如果是国祭，纳福时君王要将祭品分赐大臣；如果是家祭，纳福时亲朋好友一起享用祭品。从纳福的形式看，祭祀已具有了筵席的某些特征。

除了祭祀外，筵席的形成也与古代礼俗有关。商周时期，不仅筵席种类多，而且筵席的礼仪也已相当完备。王公大臣的筵席有"燕礼"和"公食大夫礼"。燕礼是国君宴请群臣之礼。民间则有"乡饮酒礼""敬老酒礼"等。

先秦时，虽说已经有了筷子，但人们还是习惯用手来抓饭吃，所以吃饭前必须洗手。一般王公大臣的宴会中，都会设有专职人员负责宾客洗手。

隋唐之前没有桌椅，古人宴饮时席地而坐，筵和席都是宴饮时铺的坐具，屋内铺在地上较长的编织物叫筵，铺在筵上较短的编织物叫席。宴饮时，人坐在筵上，食物放在席上，实行分餐制，一人一席，单独进食，有了几案后，食物才放在几案上。分餐制一直延续到唐朝，直到宋朝才实行合餐制。

青铜鼎

鼎是煮肉的炊器，最初是陶质的，后来青铜鼎取代了陶鼎。夏禹用青铜铸象征九州的九鼎后，鼎就成为象征权力的礼器。西周时形成列鼎制度，分五个等级：天子用九鼎、诸侯用七鼎、卿大夫用五鼎、士用三鼎或一鼎。筵席上，鼎往往和簋配合使用，即九鼎配八簋、七鼎配六簋、五鼎配四簋、三鼎配二簋。

古代的食礼

《礼记·礼运》有云："夫礼之初，始诸饮食。"可见，我国的礼仪风俗都起源于饮食活动，换句话说，就是食礼是一切礼仪制度的基础。最早出现的食礼，源于远古的祭神仪式。当食礼由人与神鬼的沟通扩展到人与人的交流时，宴会礼仪也随之出现，并逐渐形成吉礼、凶礼、军礼、宾礼、嘉礼等"先秦五礼"，从而奠定了古代饮食礼制的基石。

最迟至周朝，我国宴会礼仪制度已经相当完善，并制定了相关的饮食礼仪规范。宴会席坐的安排，最能体现我国长幼有别、尊卑有序的礼仪制度。我国向来有以东为尊的传统，安排座次时，东向最尊，为主座；主座的左前方，南向次之；主座的右前方，北向又次之；主人在东边面向西跪坐。

《史记·项羽本纪》介绍鸿门宴的座次时，最能体现我国长幼有别、尊卑有序的礼仪制度。项羽面东而坐，自居尊位。项伯是他的亚父，不能低于他，只能与他并坐。范增是重臣，故座次在项羽之下。刘邦非项羽重臣，只能屈居亚父项伯之下。张良是刘邦的谋士，地位最低，只能坐末位。

古代礼仪制度，除了对座次有明确规定外，对进食礼仪也有详细的规定。《礼记·曲礼上》曰："共食不饱，共饭不泽手。毋抟饭，毋放饭，毋流歠（chuò），毋咤食，毋啮（niè）骨，毋反鱼肉，毋投与狗骨。毋固获，毋扬饭。饭黍毋以箸。毋嚃（tà）羹，毋絮羹，毋刺齿，毋歠醢（hǎi）。"

共食不饱，共饭不泽手

一起吃饭时，不能只顾自己吃饱了没有；一起吃饭时，还要检查手是否干净整洁。

毋抟（tuán）饭，毋放饭

不要用手搓饭团，不要把多余的饭放进锅中。

毋流歠，毋咤食

不要喝得满嘴淋漓，不要吃得啧啧作声。

毋啮骨，毋反鱼肉

不要啃骨头，以免发出不雅的声音；不要把咬过的鱼肉又放回盘碗里。

毋投与狗骨

不要把肉骨头扔给狗。

毋固获，毋扬饭

不要只吃某种食物，也不要簸扬着热饭。

饭黍毋以箸。毋嚃羹，毋絮羹，毋刺齿，毋歠醢

吃黍蒸的饭要用手不能用筷子。不可以大口大口喝汤，也不要当着主人的面调和菜汤，不要当众剔牙齿，也不要喝肉酱。

筷子的礼仪

我国是世界上最早发明和使用筷子的国家。关于筷子是如何发明出来的，根据古籍记载，有两种说法，一种认为是大禹发明了筷子，另一种认为是先民在用树枝放置和翻动烤制的食物时，受到了启发，学会用树枝来取食。后来树枝就变成了筷子。

大禹发明筷子

传说，大禹治理洪水时，有一次在野外进餐，由于要争取时间修筑堤坝，肉刚煮熟就要抓紧时间进食，但煮肉的汤水沸滚，无法用手去捞取，于是聪明的大禹就折树枝来夹肉或米饭进食。大禹用来夹肉的树枝就成了最早的筷子。

其实，我国最早使用的进食餐具，并不是筷子而是刀叉。进食用的刀叉，早在8000多年前就已出现，而直到3000多年前筷子才出现。筷子最初是用竹子或木头制成的，后来才用金、银、铜、铁、象牙等材料。先秦时期，只有贵族才能使用筷子，后来才慢慢地将筷子向民间推广普及，最终使之取代了刀叉。

自古以来，我国就是礼仪之邦，在筷子的运用上也十分讲"礼"。我国古人非常讲究执筷的方法，如果执筷方法不规范，会被认为是不礼貌的行为。

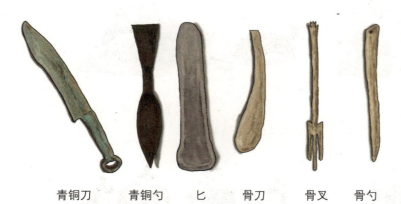

青铜刀　　青铜勺　　匕　　骨刀　　骨叉　　骨勺

一开始，我国先民吃肉时，也像欧洲人一样，用的是刀叉，而不是筷子。
匕：古代最早使用的餐具，出现在8000多年前，可当餐刀用，也可做勺子用，大多用骨头和青铜制成。
刀：用来切割肉食的餐具，约在4000年前出现，由"匕"演化而来，最初用骨头制成，后来又有陶刀、青铜刀等品种。
叉：用来吃肉的一种餐具，约在4000年前出现，用骨头制成，后来又有铜质的和铁质的。
勺：古时用来吃米饭的一种餐具，后来大多用来喝汤，最初用骨头制成。

在我国，不但执筷要合乎礼仪，连使用筷子的过程中也要遵循一定的礼仪，绝对不能犯下面这些禁忌。

此外还有勿执箸巡城和勿落地惊神。执箸巡城，是指手里拿着筷子，来回在桌子上的菜盘里寻找，不知从哪里下筷

正确的执筷方式

用右手执筷,大拇指和食指捏住筷子的上端,另外三个手指自然弯曲扶住筷子,并且筷子的两端一定要对齐。在使用过程当中,用餐前筷子一定要整齐地摆放在饭碗的右侧,用餐后则一定要整齐地竖向摆放在饭碗的正中。

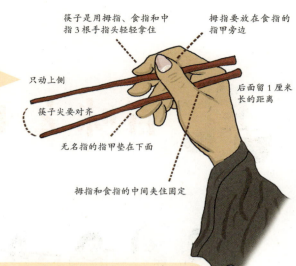

为好,这是缺乏修养的表现,令人反感。落地惊神,是指失手将筷子掉落在地上,这是严重失礼的表现。

百味之王

古人烹饪食物时，最早使用的调料是盐。甜、酸、苦、辣、咸五种味道，咸是最重要的，是百味之王。做菜时如果缺少了盐，饭菜就会变得寡淡无味，激不起食欲。盐也是人体不可缺少的物质成分，十天不吃盐，人就会感觉手足乏力，精神萎靡。

煮海为盐

相传，我国最早学会制盐的人是黄帝的大臣夙沙氏，他发明了"煮海为盐"的制盐方法。这与神农教人种五谷的记载是一致的，即谷食和吃盐是同时发生的。

很久很久之前，人类是不需要专门摄取盐分的。那时，人类的食物以肉食为主、果蔬为辅，可以从动物的血肉中获取足够的盐分。但农耕发展起来后，人类的食物从肉食为主转向以谷物为主，谷物不含盐分，所以人类必须另寻摄取足够盐分的办法。

在很久以前的洪荒时代，古人主要是通过观察动物舔饮岩盐、盐水，从而发现盐并使用盐。古人称自然盐为"卤"，将卤水经加工后凝结成的固体结晶称为"盐"。古代，

> 海盐，就是用海水生产食盐。古人先在沿海低洼地带挖掘盐池，再把海水引入盐池中。等盐池的水被晒干后，剩下的白色结晶就是食盐了。最初，我国使用"煮海成盐"的方法制取海盐。宋元时期，才开始用"暴晒成盐"的方法制造食盐。

种盐

古人将咸水湖的水引至旁边的耕地,仲夏时节刮东南风时,引入湖水的耕地一天一夜后就长满了盐花,这种制作池盐的方法就叫"种盐"。

我国的食盐从出处可分为四种,分别为海盐、井盐、池盐、崖盐。

黄帝时期,我国古人不但能从海水中制取海盐,还能从咸水湖中制取池盐。古人一般用"种盐"的方法从咸水湖中取得池盐。井盐则是用打井的方式抽取地下卤水熬煮而成。崖盐是岩洞里出产的食盐,样子像红土块,可不用通过煎炼,直接刮取食用。

最初,古人制盐时,直接用铁锅燃火煮,费工费料,产量少,导致盐价昂贵。所以,制盐业一出现,王室就设立专门掌盐政的官员,如周朝设立"盐人"。自从春秋时期,齐国宰相管仲实行盐专卖制度,将盐从私有转变为国有后,一直到现在,我国都实行食盐专卖制度。

井盐

古代井盐的工序最为繁杂,从凿井、汲卤、输卤到煎盐,分工很细。早在战国末年,秦蜀郡太守李冰就已开凿盐井,井上竖大木架,用辘轳、车盘提取卤水,来煎制井盐。制作井盐,主要有三大步骤:一开凿井盐,二提取卤水,三将卤水倒入大锅中煮干后,就得到井盐了。

御厨的顶级调料

据传,周天子只要宴请群臣,周天子的御厨就会在厨房里摆放几十个陶缸,因为陶缸里放着御厨秘密配制的顶级调料——各种各样的肉酱。

周天子宴请宾客时,御厨都会提前察看肉酱有没有准备充足。

肉酱是我国的一种酱。古代,特别是先秦时期,我国的酱大多是用各种肉类制成的肉酱,不像现在这样,吃的酱主要是以豆、面为主制成的谷物酱。先秦时期,肉酱多被称为"醢"。醢最初是古人保存各种肉类、鱼虾的方法,慢慢地才发展成一种食物,最终发展成一种调料。

据史料记载,我国早在商朝就已会制作醢。据传,商纣王曾将周文王的儿子伯邑考剁成肉羹后,做成肉饼送给周文王吃。

西周时,古人制作肉酱的工艺已相当成熟,肉酱的种类至少有100种以上。根据《周礼·天官·膳夫》记载,周天子祭祀或宴请宾客时,用的酱就有"百二十瓮"。这些酱

先将肉类煮熟

将熟肉切块

放在席子上晾干

除少数用蔬菜制成的酱外,绝大多数是用各种肉类做成的肉酱,如兔肉酱、鱼肉酱、雁肉酱、蚌肉酱、蚁卵酱、麋鹿酱等。当筵席开始时,负责肉酱和酸酱(酸梅制成)的酱官,就会将肉酱和酸酱放在宾客座席的中间,而其他菜肴如众星拱月般将它们围住。

古代小说《封神演义》中记载,纣王妃子妲(dá)己想亲近伯邑考,被拒绝后,诬陷伯邑考的琴声是在暗骂纣王无德,商纣王听闻后大怒,烹杀伯邑考,将他做成肉羹赐给伯邑考的父亲周文王。

周朝时,"烹"和"调"是分开的,煮食物时不放调料,等食用的时候再将调料品调入食物中。食材的特性是各不相同的,因而不同的食物要搭配不同的酱,才能使食物更鲜美,比如鱼配蛋酱、甲鱼配肉酱、麋鹿肉配鱼酱……

西周时,王室和贵族的标准饮食,最具代表性的是"周朝八珍"。制作"八珍",要事先将食材加工成适合入口的小块,再端出来,吃时就不需要再用刀叉进行切割,只需要用筷子夹住送入口中即可。

周朝时已经知道制醋,并有了专门为王室制醋的官员——醯(xī)人,在未发明醋之前,商朝贵族以梅作酸来解腻。

周朝八珍

根据《礼记》所列,周朝八珍由2饭6菜组成:1 淳熬,是肉酱浇大米饭;2 淳母,是肉酱浇黄米饭;3 渍珍,是酒糟牛羊肉;4 炮牂,是凉拌肉泥;5 捣珍,是烧牛、羊、鹿里脊;6 熬珍,是牛、羊、猪肉饭;7 炮豚,是煨烤炸炖乳猪;8 肝膋,是烤狗肝粥。周朝八珍是后世之八珍筵席(宋朝八珍、明朝八珍、清朝八珍)的先驱之作,但各代的八珍所指各不相同。

食物的保存

食物在冬天可以存放久一些，夏天却很快就腐烂了。古代没有冰箱，那么古人是如何保存食物的呢？

旧石器时代，古人以狩猎动物和采集果实为主，冬季大多用石刀将肉割成小块，

新石器时代，除了谷物外，先民们还用陶器储藏风干的各种水果蔬菜。

青铜冰鉴

青铜冰鉴由内外两层容器组成，外层放冰块，食物、酒水放在内层，被冰包裹在中间。冰鉴可以算得上最早的冰箱，可用来冰镇和保鲜食品。

挂在高处，风干存放。新石器时代，古人开始大量种植谷物，秋天收割谷物晒干后，放进陶器里保存起来。那时，古人还将风干的柿子、梅子、山楂和芥菜放进陶器中储藏

起来。

商周时期，王室贵族在夏天开始用青铜冰鉴保存和冰镇食物。但青铜冰鉴只能王室贵族用，普通百姓被禁用，也用不起，太贵了。因此，普通百姓在夏天大都将食物放进自家水井里面冰镇。

春秋战国时期，古人开始用腌制法来储存肉类和蔬菜。《论语》记载，孔子曾说只要有人带给他十块腊肉，就收他为弟子，并悉心教导他。可见春秋时期，腊肉已是相当普遍的食物了。

那么，周朝王室贵族在夏天哪来的冰块呢？其实，早在夏商时期，冬天藏冰、夏天用冰就成了王室贵族固有的习俗。《诗经·豳风·七月》有云："二之日凿冰冲冲，三之日纳于凌阴。"凌阴就是储藏冰块的冰窖。可见，在那遥远的时代，每到冬季河面结冰时，奴隶们都要到结冰的河上凿冰块，运回冰窖中储藏起来。这种藏冰方式从商周一直沿用到近代。

春秋战国时期，我国的制盐业有了一定的发展，一些王公贵族开始用盐来腌制肉类和蔬菜。由于当时盐价格昂贵，平民大多还是用风干、熏制的方法保存食物。这些保存食物的方法一直延续到现在。现在常见的熏肉、腊肉、咸鱼、咸菜、菜干、牛肉干等，早在古代就已是人们常吃的食物了。

主食与果蔬

早在 7000 多年前,我国先民就尝试种植各种农作物。进入农耕社会后,粮食作物成为人们的主要食物。春秋战国时期,农业生产技术达到相当高的水平,黍、麦、稻、菽、粟、麻等已成为当时主要的粮食作物。

不过相较其他农作物,麦子的产量不高。因此,早先古人最看重的粮食作物是黍、稷、稻,麦子的地位并不高。战国时,人们发现宿麦(冬麦)可以在晚秋和早春两季进行种植。这时,人们还发明了石圆磨。石圆磨可以将脱壳的生麦子磨成细细的粉末,煮成的食物

粟
俗称谷子,去壳后叫小米,是我国北方主要的粮食作物,通常用来煮粥。

麦
种子可磨成面粉、制糖、酿酒,是我国北方的重要粮食作物,品种有小麦、大麦、黑麦、燕麦等。

稻
分水稻和陆稻两大类,是我国重要的粮食作物,种子叫稻谷,去壳后叫大米,大米主要有两种,不黏的叫粳米,黏的叫糯米。

菽
古代一般指黄豆,是豆类的总称,品种很多,有大豆、荣豆、绿豆、黄豆、蚕豆等。

也比较可口。自此,麦子才受到人们的普遍重视,成为主要的粮食作物。

农业的发展离不开农具的发明创造。商朝时期,古人就已用铜犁来耕地。周朝时期,古人开始采用牛拉铁犁的方式来耕地。自从大面积种植庄稼后,古人就开始兴修水利。春秋战国时期,为了促进农业的发展,各诸侯国兴建了一系列大型水利工程,其中最具代表性的是秦国李冰父子在四川兴建的都江堰水利工程。

古代,我国先民种植的蔬菜种类很少。周朝的《诗经》中虽然记载了150多种植物,但只有很小一部分是可食的蔬菜。春秋战国时期,情况得到了一定的改善,但人工栽培的蔬菜,也只有芹菜、韭菜、莲藕、白菜、萝卜、芥菜、葵、藿、薤(xiè)、葱、芋薯等20多种。其中,葵是冬葵,嫩叶可食;藿是大豆苗的嫩叶。葵和藿现在已经不被当作菜了。先秦时期的水果品种也比较少,只有桃、梨、杏、枣、梅、木瓜、李等。

石圆磨

一种用人力或畜力把粮食去皮或研磨成粉末的石制工具磨,最早出现在战国时期,初时称为䃺(wèi),汉朝才称为磨。

糗

古代烹饪谷物时,大多采用炒、蒸、煮的方式。将炒熟的谷物,用舂或碾成粉后叫"糗(qiǔ)"。糗是行军打仗时携带的粮食,吃时放水搅成糊状,即可食用,但这种食物非常难吃。

回到汉朝去做客

汉初，汉高祖刘邦实行休养生息政策，使长期处于战乱的百姓不再受苛捐杂税之苦，安心从事农业生产。文景之治后，汉朝社会安定，经济发展，人民生活富足。这使得汉朝人有了吃喝玩乐的底气，并醉心于各种宴饮活动，在饮食礼俗方面也展现出与前朝不同的新鲜的大汉特色。

汉朝人笃信"祭祀者必有福"，喜欢依岁时开展各种祭祀活动，祭祀后再举行宴饮分食祭品。逢年过节要聚会宴饮，册封太子、打胜仗等国家大事更要以宴饮的形式举国欢庆。民间，不但婚嫁、生子、丧事等大事要设宴请客，就连出门远行、买卖成功等小事也要设宴请客。

在饮食礼仪方面，汉朝大体上继承周朝的食礼，但又有新的突破。汉朝饮食一般要遵循以下礼仪：一要请客前送请柬，通知就餐的时间和地点；二要抱着扫帚迎接宾客；

抱帚迎客

汉朝宴请宾客时，主人家专门负责迎接宾客的人要抱着扫帚立在大门两旁迎接客人，以示恭敬。

三要按照尊卑，安排入席；四要席地而坐，分餐就食；五要美食丰盛，摆放有序；六要置酒宴饮，敬老为先；七要乐舞助兴，愉悦欢欣。可见，在汉朝做客，不能只带一张嘴，还要懂得尊老敬老、舞文弄墨、投壶博弈、载歌载舞。汉朝酒宴一般由主人开始，一个人起舞后再邀请另一个人起舞，如果不接受跳舞的邀请会被视为不礼貌。

汉朝宴饮

汉朝请客请吃不但要准备丰盛的佳肴，还有歌舞助兴，主人与宾客一起共舞，才算尽兴。

汉朝宴请宾客时，都需要庖（páo）人（厨师）烹饪美味佳肴。从汉朝画像石和画像砖雕刻的图像来看，庖人的劳动分工非常周密精细：有负责宰杀禽畜的，有负责烧火的，有负责做面食的，有负责烧串的……

烹饪的分工，促进了烹饪技术的进一步提高。汉朝人不但会用"炙（烧烤）、煮、煎、腊、脯"等烹饪方法制作各种美味的肉食，还会制作饼（没有发酵的硬饼）、面条、饺子、馒头等面食。

汉朝漆器

| 漆鼎 | 漆盘 | 漆碗 | 漆盒 | 漆壶 |

汉朝的餐具大多是轻便又美观的漆器。我国早在新石器时代就已开始制作漆器，但直到汉朝，漆器才成为生活的必需品。汉朝漆器在食具方面有漆鼎、漆盘、漆碗、漆盒、漆壶等。

跟张骞吃烤全羊

自汉朝以来，人们通常将玉门关、阳关以西，葱岭以东，巴尔喀什湖东，以及新疆地区称为西域。秦末汉初，居住在蒙古高原的匈奴强大起来，控制住西域，并屡次进犯西汉政权管辖的中原地区，严重威胁西汉人民的生命财产安全。

汉初，当匈奴人再次来犯时，刘邦亲自率领30多万大军迎击匈奴，可惜被匈奴大军设计围困在白登山上，差点被困死。后来，刘邦用重金贿赂了匈奴首领冒顿单于的夫人，才侥幸逃出。经此一役，汉朝皇帝再也不敢轻易跟匈奴交战。为了边疆的安宁，汉朝历代皇帝只好通过和亲、赠送贵重礼品的方式，换来匈奴人不再侵扰中原地区的承诺。只可惜，这样的策略收效甚微。

汉武帝刘彻即位后，不久就从来降的匈奴人口中得知，西域游牧民族大月氏被匈奴冒顿单于驱逐出国土，为了能回归故土，他们想联合一些盟友，一起攻打匈奴。听到这个消息之后，汉武帝便派遣张骞出使西域，让他想办法联合大月氏，共商抗击匈奴大事。

据传，张骞出使西域时，曾受到大宛国国王的盛情款待，品尝到了大宛国非常美味的烤全羊。虽然张骞两度出使西域，都无法达成联合西域各国共击匈奴的军事目的，但

大蒜　　胡瓜（黄瓜）　　胡萝卜　　胡麻（芝麻）　　苜蓿

胡桃（核桃）　　胡豆（蚕豆）　　葡萄　　石榴

打通了中原联通西域的"丝绸之路"，促使中原与西域各国建立友好的贸易关系。西域的各种物产和先进的种植技术开始传入中原地区，而中原地区的丝绸和冶铁技术也开始传入西域。

胡饼

汉朝时从西域传入中原地区的物产主要有苜蓿、葡萄、胡桃（核桃）、石榴、胡麻（芝麻）、胡豆（蚕豆）、胡瓜（黄瓜）、大蒜、胡萝卜等，与这些物产相关的栽培技术也陆续传入中原地区。此外，西域的各种美食及其制作技术也不断地传入中原地区。这些美食有胡饼、奶酪、马奶酒等。

爱吃胡饼的汉灵帝

胡饼就是馕。汉朝控制西域后，引进芝麻和胡桃，为饼类制作增添了新辅料，这时便出现了以胡桃仁为馅儿的圆形饼，也被称为"胡饼"。据传，汉灵帝非常喜欢吃胡饼。

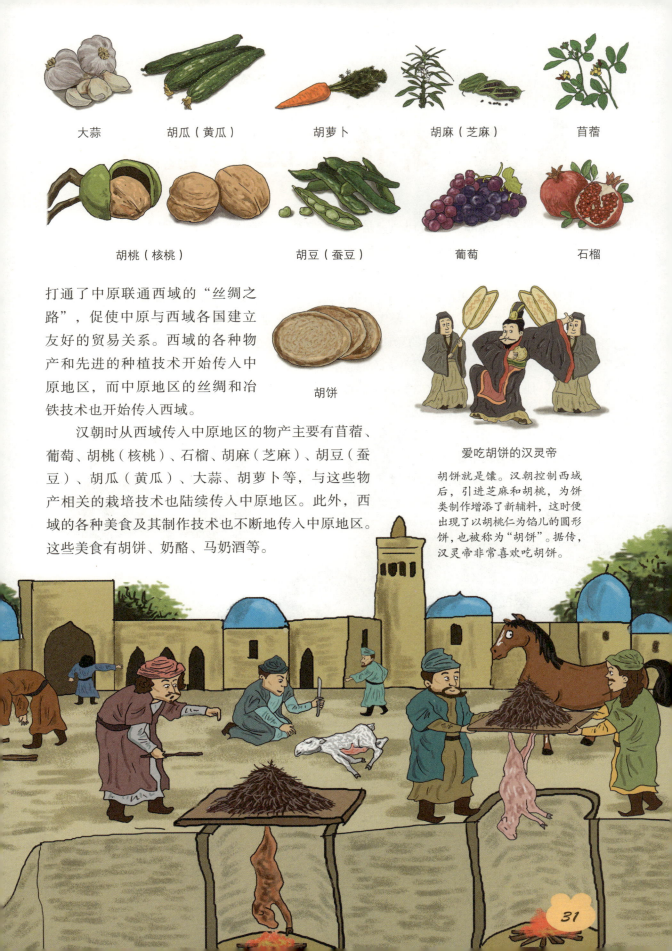

奢侈荒诞的盛宴

西晋的开国皇帝晋武帝司马炎是个酒色之徒，在吃喝玩乐上下足功夫。但是，当时士族大家掌控了国家的大量财富和重要权力，皇帝手中掌握的财富和权力少得可怜。司马炎为了维持自己的奢靡生活，于是公开售卖官位。君主都这样贪图享乐，那些一出生就衣食无忧、家产富可敌国、仕途畅通的士族子弟更不消说了，整日就想着怎样斗富玩乐。

晋武帝的女婿王济就十分奢侈。一次晋武帝去他家赴宴，品尝了烤乳猪后，觉得味道异常鲜美，于是询问烹制的秘诀，之后才知道这只小猪是用人奶喂养的。

晋武帝的司徒何曾比王济更加奢侈。何曾出身士族大家陈郡何氏，一生奢侈无度，讲究饮食。他上朝议事时，常常嫌宫中的饭菜难吃，总是自带饭菜。他吃的馒头必须是开裂成标准十字纹的，否则就不吃。

西晋时期，豪门世家追逐名利，以奢靡浪费为时尚，经常出现争豪斗富的闹剧。最令人瞠目结舌的闹剧，莫过于大富豪石崇和晋武帝的舅舅王恺之间的斗富。

此猪怎得如此美味？

人乳喂养尔。

西晋时，绝大部分人还在饿肚子，王济竟然用人奶来养猪，真是奢靡到了极点。

王恺家里用饴糖水来洗锅盆,石崇便用蜡烛当柴烧;王恺用绫罗铺地四十里①,石崇便铺出五十里。两人之间的斗富一直是石崇胜出。更要命的是,凡是到石崇家的客人,哪怕是在寒冷的冬天,都能随时喝到热气腾腾的豆粥和鲜嫩的韭菜羹。石崇经常拿此事在王恺面前显摆,把王恺气个半死。

晋武帝时,社会经济发展还相对较好。晋武帝的傻瓜儿子晋惠帝上台不久,因皇后贾南风专权,先后迫害太子和皇太后,终于导致了八王之乱。晋惠帝四处逃亡,在逃亡途中经常挨饿,不知道他在饿肚子时会不会想起自己当太子时"何不食肉糜"的名言。

八王之乱时,塞外众多游牧民族趁西晋国力衰弱之际,起兵侵扰中原,终于使中原大乱。为了避乱,晋朝皇室和北方士族纷纷南下到安定的长江流域定居,史称衣冠南渡。南渡后,士族仍过着非常奢侈的生活。

① 1里=500米。

《晋书·何曾传》中记载,何曾"日食万钱,犹曰无下箸处",意思是说何曾每天的伙食费差不多一万钱,但他仍然抱怨饭菜不好,根本没法下筷子,可见他的生活多么奢侈。

石崇家制作豆粥和韭菜羹的方法其实很简单。制作豆粥,只需事先把豆子磨成豆粉,等客人来时再煮即可。韭菜羹,则是将陈年的韭菜根捣碎,再加入冬麦苗搅拌即成。后来,王恺贿赂石崇的手下,终于得到制作豆粥和韭菜羹的秘法。

晋惠帝还是太子时,有一次百姓闹饥荒,没饭吃,他却说,他们为什么不吃肉粥。此语一出,成功让他登上史上最傻皇帝的宝座。

舌尖上的唐朝

唐朝是我国古代饮食业蓬勃发展的时期,从民间到宫廷,各种美味的菜肴和小零食层出不穷。唐朝小零食主要有用米面制成的各式糕点、面食、冰冻甜点等。唐朝南北方的饮食跟现代一样各具特色。江南地区多食大米制成的点心,其中用米粉染色制成的"水晶龙凤糕""糯米糕""花折鹅糕"等点心最受欢迎。西北地区多食面食,其中最具代表性的面食有胡饼、冷面、馄饨、饺子等。唐朝冰冻甜品,最具特色的就是被称为"唐朝冰激凌"的酥山。

唐朝时皇宫和民间流行举办各式各样的宴会,其中以每年三月皇帝在曲江举行的新科进士宴最负盛名。

唐朝新科进士宴始于唐中宗时期,终于黄巢起义

垂足而坐

自从西域的胡椅、胡凳、胡桌等家具陆续传到中原地区后,我国古人的坐姿也从席地而坐改为垂足而坐,但这种坐姿在唐朝只是出现在饮宴场所,直到宋朝才成为标准坐姿。

槐叶冷面

唐朝的一种冷面，用槐叶汁水和面制成面条，煮熟后放入井水中自然冷却，清爽甘甜，消暑解热。

唐朝饺子

唐朝人们就已会制作有皮有馅的饺子。唐朝饺子的形状跟现在的饺子差不多，但叫法众多，有"牢丸""扁食""偃月"等。南宋开始称为"饺儿"；明清时期，跟现代一样叫水饺或饺子。

酥山

唐朝北方游牧民族传入中原的一种乳制品，最底层是冰，上面覆盖着奶油、酥油，形状像山，"山"上插有花朵、彩树等装饰品。

古楼子

唐朝一种面食，《唐语林》中记载其做法，将一斤羊肉一层层裹在大胡饼当中，隔层放椒豉，用酥油涂抹后，将饼放进炉内，贴在炉壁上，用火烘烤，肉熟后就可以取出来吃了。

攻破长安，历时170多年。曲江宴因设在曲江边而得名。除了品尝各色美食外，新科进士参加宴会的主要目的不在于品尝各种美食，而在于在宴会中参加吟诗、作画等各种可以展现自己才华的娱乐活动，以便能结交权贵。

唐朝进士宴上的食品，虽然号称囊括"四海之肉，水陆八珍"，菜肴荤素兼备，咸甜并陈，但最能代表唐朝烹饪水平的宴席是烧尾宴。烧尾宴是新官上任或官员升迁，招待天子或来恭贺的亲朋好友的宴会。

唐中宗时，大臣韦巨源升任尚书左仆射，依例设席敬献唐中宗烧尾宴。这次宴会，在众多的美食清单中，有一张清单被保存下来。这张清单列有58道美味食物，成为唐朝最负盛名的"食单"。清单中有主食，有羹汤，有山珍海味，也有家畜飞禽。其中，糕饼点心有20种以上，食品菜肴有32种。这58种菜肴和点心只是"烧尾宴"中比较奇葩的食物，至于其他食单中的菜肴和点心，因时代久远，已经不知道具体是什么了。

烧尾宴

古人认为凡是跃过龙门的鲤鱼，在跃过龙门时，天火必会将它的尾巴烧掉，这样它才能变成龙。因此，将庆贺新官上任的宴会称为烧尾宴。

到古代，吃茶去

茶是当今世界上重要的饮料之一。我国是茶的故乡，是最早发现、利用和培植茶树的国家。

我国西南地区是世界上最早发现、利用茶的地区。其中，四川在古代是各种疾病的多发地。在长期的生活实践中，古代四川人逐渐发现喝茶可以减少疾病的发生，于是就养成了喝茶的习惯。因此，最初我国是把茶当药来喝的。

古人最早吃茶的方式是口嚼生叶，学会用明火后，才把茶叶煮成菜汤吃。周朝时人们开始先将茶叶晒干保存，吃时再取出来煮，做成菜汤吃。现在，我国西南少数民族（如傣族、哈尼族等）还有把茶叶当作菜煮来吃的习惯。

唐朝时人们开始将晒干的茶叶制成饼茶。煮茶的方法也有一定的改进，不再将茶当作菜煮，而是用煎茶法来煮茶。唐朝煮茶叶时一般都会放入盐和胡椒等调味料，喝时将茶水和茶末一起吃完，"吃茶"一词便由此而来。

宋朝时，最流行的饮茶法是点茶法。明朝开始用沸水冲泡茶叶的方式饮茶，这种泡

陆羽编写《茶经》

唐朝陆羽编写的《茶经》是世界上最早、最完整、最全面介绍茶的专著，被誉为"茶叶百科全书"。

煎茶法

唐朝盛行的煮茶方式，煮时将饼茶放在火上炙烤至热，冷却后碾成末，然后放水入釜中煮沸。水初沸放入盐、胡椒等调料，二沸放入茶末，三沸停火。

茶饼　　　　茶磨　　　　茶碾　　　茶叶粉末　　　茶筅

点茶法

由唐朝煎茶法演化而来，煮茶时将团饼用火炙热后，用茶碾、茶磨碾磨成粉末，放入碗中，用沸水冲点入碗，以茶筅打出沫后即可。

茶法一直延续到现在。

我国茶叶兴起于巴蜀（四川）地区，汉代丝绸之路开通后，就通过西域传到世界各地。唐朝茶叶通过海上贸易传入日本。明朝郑和下西洋时将茶叶运往东南亚和非洲地区。自明朝万历三十五年（1607年）荷兰人将茶叶运往欧洲后，我国茶叶就开始从海上传播到世界各地。

我国的茶具最早出现于战国时期。早期的茶具主要是陶具，既可以煮茶又可以煮菜，魏晋时才专门用来烹茶。我国古代茶具种类繁多，有陶土茶具、瓷器茶具、漆器茶具、竹木茶具等，其中最有名的当属陶土茶具中的紫砂壶。

宋朝茶肆

茶肆，又称为茶馆、茶坊等，兴起于唐朝，始盛于宋朝，是人们休息、消遣、谈生意的地方。宋朝茶馆生意火爆，分为早市茶坊和晚市茶坊。

茶马古道

茶马古道是我国古代西南地区以茶、马买卖为主的古代商道，兴于唐宋，盛于明清，"二战"时最为兴盛，主要分四川、云南、西藏三路，进入不丹、尼泊尔、印度境内，最后抵达西亚、东非红海海岸。

古代煮茶烧水具的演变：釜→铫→紫砂壶

釜：釜是一种无盖的大口小锅，宋朝之前都是用釜来烧水煮茶。
铫（diào）：宋朝流行用铫煮茶，铫是一种便于携带的小锅，有柄有嘴。
紫砂壶：明朝开始兴起用紫砂壶煮茶。紫砂壶用紫砂泥烧成，用来泡茶能持久保留茶叶原有的色、香、味，因而深受欢迎。

穿越到宋朝叫外卖

宋朝的餐饮业在我国古代是相当发达的。其中，东京开封府的餐饮业最为发达，街道上到处都有酒店、茶坊、小食摊。宋朝的酒店主要分为三类：第一类是正店，即拥有酿酒权的大型酒店；第二类是脚店，即没有酿酒权的一般规模的酒店；第三类是扑户酒店，即小型的零售酒店。

宋朝包子摊

宋朝香饮子摊

其中，正店有七十二家，以樊楼最为出名，主要为富人服务，供应头羹、白肉、胡饼、桐皮面等精致珍贵的菜肴。正店内部还建有冰窖，随时可以提供砂糖冰雪冷丸子、冰雪荔枝膏等消暑的冷饮。宋时吃饭流程跟现代差不多，一般是

38

先喝茶，再看盘（菜谱），最后点菜。

脚店和扑户酒店主要为平民服务，因此一般只提供家常菜肴。不过，由于东京是四方的官员、客商会聚的地方，为了迎合远方客人的需求，不少具有四川、广东等各地口味的特色饭店也应运而生。

宋朝开始出现24小时营业的酒店，南方人吃夜宵的习俗就是从宋朝开始的。宋朝的酒店还提供外卖。宋朝皇帝就经常让负责饮食的太监去酒店点外卖。

宋朝外卖员

除综合性酒店外，宋朝还有不少经营项目比较单一的小食摊，比如包子酒店、肥羊酒店、面食店等。其中最具特色的是香饮子摊，专门卖各种饮品，主要有生淹水木瓜、鹿梨浆、绿豆汤、卤梅水等。

宋朝的餐具主要是瓷器。瓷器由陶器发展而来，我国早在3000多年前就已开始制造瓷器。宋朝是瓷器业最为繁荣的时期，名窑名瓷遍及大半个中国，并通过海上丝绸之路卖到世界各地。宋朝专门设立为皇家烧瓷的官窑。汝窑、官窑、哥窑、钧窑和定窑被称为"宋朝五大名窑"，当时比较有名的还有柴窑和建窑。

哥窑青釉弦纹瓶　耀州窑三足壶　官窑青瓷尊　汝窑天青釉花口注碗

宋朝美食与苏东坡

两宋时期是中国美食的爆发期，那时社会经济繁荣，人民生活富足，烧制出来的食物非常丰富精美。

宋朝时平民百姓的饮食实现了从两餐制向三餐制的转变。三餐制最早出现在汉朝，但当时只有贵族阶层才能一日三餐，普通百姓还是一日两餐。到了宋朝，百姓不仅一日吃三次饭，有的晚上还要吃夜宵。

早餐　　　　　　午餐　　　　　　晚餐

宋朝的一日三餐

宋人的三餐制是有一定讲究的。天微明时开始吃早餐，食物以粥、羹（浓汤）为主；正午时分开始吃午餐，食物以各式饼、饭等主食为主；下午五点开始吃晚餐，食物也以饭、饼为主，但更丰富一些。

宋朝的日常主食与现代一样也有南北差异，南方以米饭为主，北方以面食为主。与唐代相比，宋朝主食的种类更丰富。北方的面食有各式包子、馒头、烙饼、馄饨、饺子、面条等；南方的米饭则主要以各式的饭、粥、糕、团、粽等形式出现。宋朝的饭和粥除了白饭、白粥外，还有肉粥、菜粥、水果粥，以及用来滋补身体的药粥。

北宋时期，中原地区肉食的种类（除海鲜外）基本上跟现代差不多，家畜、家禽、

宋朝点心

宋朝的团、糕、粽等各色点心，做法精致，种类繁多。比如，米糕有乳糕、重阳糕、栗糕、蜜糕等，团子有豆团、麻团、糍团、汤团（汤圆）等，粽子有角粽、栗粽、艾粽等。

水产、野味应有尽有。从开国皇帝宋太祖赵匡胤开始，宋朝历代帝王都爱吃羊肉。羊肉还是宋朝宫廷用来招待上宾最上等的食材。宋神宗时，皇宫内每年消耗的羊肉就达40万斤①。在皇帝的带动下，宋朝众多肉食中羊肉最受欢迎，猪肉却不大被看好，社会上甚至流行贵羊贱猪的风气。

宋朝著名的吃货苏东坡却非常喜欢吃猪肉，还用猪肉做出了许多美食。其实，一开始苏东坡也喜欢吃羊肉，不喜欢吃猪肉，但他被贬到惠阳时，生活比较贫穷，没有钱买羊肉。为了满足自己吃肉的欲望，苏东坡只好把目光投向当时最便宜的肉类——猪肉，并用猪肉开发出东坡肉和东坡肘子两道美食。此后，苏东坡陆续开发出来的美食还有东坡鱼、东坡豆腐、东坡饼、东坡羹……

———————
① 1斤=500克。

旋鲊（zhǎ）

原指鱼肉酱，宋时特指先腌渍后再快速翻炒而成的羊肉酱。传说，这道菜是宋太祖的御厨发明的。

朱元璋的乡饮酒礼

周朝乡饮酒礼

乡饮酒礼是我国古代比较盛行的一种以举贤、敬老、谦让为主要内容的饮食礼仪,最早产生于周朝。

乡饮酒礼是周朝流行的一种宴饮风俗,一般由乡大夫作主人设宴,目的是向国家推荐贤才。汉朝时乡饮酒礼注入了儒家思想,举办的目的主要是让百姓懂得尊重老人和德行高尚的人。此后,虽然历朝历代乡饮酒礼的内容不尽相同,但宣扬尊老敬贤、孝悌贤德的内核一直没有变过。

1368年,朱元璋在南京称帝后,为了恢复华夏礼仪传统,教化民众,维护秩序,加强统治,下令颁行了《乡饮酒礼图式》,并对乡饮酒礼的细节做了统一规定:一、规定

周公
制定乡饮酒礼

孔子
记录整理乡饮酒礼

朱元璋
颁行《乡饮酒礼图式》

魏观
著名的乡饮酒礼举办者

每年农历正月十日、十月初一日，在儒学（各级文庙）举行乡饮酒礼；二、规定举办经费全由官府负责；三、规定参加宴会的人都要遵守长幼有序的原则。另外，朱元璋还创造性地增加了"读律"的环节，推行以法行礼，即通过实施法律条规达到推行文明礼仪的目的。

从周朝开始，乡饮酒礼贵宾级的宾客分为三类：选有德行的退休回籍官员一人为"大宾"，本籍年高德劭的长者一人为"僎宾"，本籍年有较高德行的数人为"介宾"。所有被邀请之人统称为"乡饮宾"。

筹备乡饮酒礼的步骤环节，主要有布置场地、迎宾、安排座次、司正致礼、司正发表祝词、读律、献宾、宾酬酒、正式饮酒、撤馔（桌）、送宾等。

听训

乡饮酒礼读律期间，凡是有过错之人，即使家财万贯、白发苍苍也得灰溜溜地站在为他们专门划定的区域，接受教育。

来自海外的粮食

明成祖永乐三年（1405年），郑和第一次出使西洋。这次出使西洋，郑和率领的人员多达27000多人，乘坐的船只有63艘，大的船只长44丈[①]，宽18丈；中等的船只长37丈，宽15丈。永乐三年（1405年）至宣德八年（1433年），郑和共出使西洋七次。郑和七下西洋可以说是我国古代规模最大、船只和海员最多、时间跨度最久的海上远航活动。

迎接贡使

明朝为表现对朝贡的重视，合法的境外商人入关时，命甘肃官员设宴举行隆重的仪式来接待。

根据郑和留下来的航海笔录可知，郑和下西洋的目的之一就是进行海外贸易活动。七次下西洋，郑和成功开通多条海上航线，用国内的丝绸、茶叶、瓷器等手工艺品，换取西南亚各国的土特产，同时促使许多国家派使臣来中国称臣纳贡，进行贸易活动。

明宣宗时，国外来华的贡使随员从200多人增到300多人，每个人都携带武器。与明朝百姓进行贸易时，经常仗着人多势众，强买强卖，甚至抢劫老百姓的货物，遇到明朝官兵就亮出贡使身份，让明朝官兵无法惩治他们。明弘治九年（1496年），日本贡使在济宁杀人后，明孝宗皇帝下令，外国贡使来明，只允许50人进京，其他人在港口原地待命。

除发展海上贸易外，明朝还发展陆地贸易，从西域各国来的使者也以贡使的身份通过丝绸之路与中国进行频繁的贸易往来。明朝为了体现对贡使的重视，严令丝绸之路上的各级官员不得敲诈外商，否则将严厉惩处。

[①] 1丈 ≈ 3.33米。

玉米　　　　　　　　　辣椒　　　　　　　　　花生

又称棒子、苞米，原产于美洲，明朝时传入我国，高产旱地农作物，全国各地皆可种植，北方的主要粮食作物之一。

原名番椒，原产于美洲，明朝中期传入我国，现成为我国的重要蔬菜和调料品。

又称落花生，原产于美洲，明朝时传入我国，种子富含油脂，是榨油的原料之一。

木瓜　　　　　　　　　番茄　　　　　　　　　土豆

又叫番木瓜，有别于原诗经中的木瓜，原产于南美洲，明朝时传入我国，主要产地在岭南地区，果实既可做水果，又可做蔬菜，木瓜炖猪脚是岭南地区的一道名菜。

又叫西红柿，原产于南美洲，明末传入我国，最初被当成观赏花卉，后来才作为蔬菜和调味品食用。

又称马铃薯，原产于美洲，明万历年间传入我国，高产旱地农作物，全国各地皆可种植。

明朝对贡使贸易的高度重视，促进了我国对外贸易的兴旺发达，促使我国成为世界著名的丝绸、瓷器之国，与此同时，许多国外的高产农作物也陆续传入我国。其中，具有重大经济价值的高产农作物有番茄、土豆、玉米、番薯、辣椒、向日葵、花生、木瓜等。

明朝社会稳定，物产丰富，人们生活富足，导致人口剧增。人口增多造成了一些社会问题，丰年时粮食够吃，灾年时粮食减产，导致吃不饱饭的北方农民变成流民，到处抢劫粮食。

宫廷菜与江湖菜

明朝也是我国历史上经济相当发达的朝代。宋朝时人们去酒楼还是以"吃饭"为主,到了明朝则变成以"娱乐"为主。

明初,战乱刚刚平息,国家并不富裕,宫廷饮食崇尚节俭。明朝中期,经济发展,人民生活富足,明初崇尚节俭的社会风气烟消云散,宫廷饮食开始走向奢侈。宫廷豆腐不再是用黄豆制成,而是用近千只百灵鸟的鸟髓酿成,奢侈到了极点。大臣摆酒宴,不仅有珍贵奇异的菜肴,还花巨资请外面的乐队、舞队助兴,非常奢侈。即使是寻常百姓摆酒席,一桌最少也要摆十几道菜。

果山增高碟架

所谓果山增高碟架,就是用一种特制的架子将果品小碟一层一层地叠加在一起,堆成色彩缤纷的瓜果山。

至于摆放的餐具,用金银餐具摆桌已不再是什么值得夸耀的事,玉制的器具成为当时最尊贵的餐具。摆盘也相当讲究,不仅追求华美精致,还要求不同的食品用不同的器具。当时,松江地区就流行用"果山增高碟架"摆放果品。

明朝时宫廷菜和江湖菜最受欢迎。宫廷菜自然就是以王室饮食为代表。明朝开国皇帝朱元璋是安徽人,开国将领也大多是安徽淮扬人,所

蟠龙菜

三事

带骨鲍螺

蟠龙菜用鸡蛋、猪肉、鱼肉、葱、姜等制成，是一道摆成蟠龙造型的菜，色香味俱全。据传是嘉靖帝离开封地进京当皇帝之前，他的启蒙老师专门命厨师詹多为他创制的，现在成为湖北经典名菜，所以又称为多菜或剁菜。

福建名菜佛跳墙或湖南名菜祖庵鱼翅的鼻祖，做法是将海味（海参、鲍鱼或鱼翅）、老母鸡、猪蹄筋混合在一起，加入调料后用小火慢慢炖至熟烂即可。

又称酥油鲍螺，是一种花式点心，用奶油制成，底下圆，上头尖，造型有扁有长，扁的像牡蛎，长的像螺蛳，是宋明时期较为常见的点心，《金瓶梅》里曾提到这道点心。

以从那时开始，宫廷菜一直以淮扬菜为主。明朝宫廷比较有名的菜肴中，由安徽淮扬人创制的就有 22 道，其中比较有特色的就是蟠龙菜和三事。

江湖菜则是以民间饮食为代表。江湖菜最先发迹于大排档、小酒家。明朝时很多外来的食材，比如番茄、辣椒、南瓜、地瓜、玉米、大蒜等，已进入了寻常百姓家。因此当时的民间饮食也相当讲究，种类也很丰富，而且各地都有自己的特色美食，比如泰州的鸭蛋、辽东的晋虾、浦江的火肉、诸暨（jì）的香狸、太湖的大闸蟹等。

除了在酒店喝酒外，在江苏扬州一带，还流行着另一种极富地方特色的"船宴"。船宴，就是在船舶上设宴，将美食、美景、美趣融合在一起，别有一番情致。船宴直到清朝还非常盛行。

《金瓶梅》宴招牌菜

明朝著名市井小说《金瓶梅》中提及的美食有 280 多种，菜肴达 100 种以上，糕点 30 多种，酒 24 种，可见明朝市井饮食有多丰富、多讲究。现在，有些美食研究者还认为《金瓶梅》里记载的那些菜肴是明朝时流行的商务菜的代表。

灾荒时的保命粮

红薯又称甘薯、地瓜、番薯等，原产于美洲，后来被去美洲探险的欧洲人带回欧洲种植。16世纪初，西班牙水手将红薯带到菲律宾种植。

明朝万历二十一年（1593年），福建人陈振龙到吕宋（今菲律宾）做生意时，发现红薯不仅好吃，还相当高产，于是想把它带回中国。但当时统治菲律宾的西班牙人严禁将红薯带出菲律宾，陈振龙只好冒险将红薯藤绞入吸水绳中躲过了检查。

航海归来

回到福建后，陈振龙发现福建正在闹旱灾，便立即和儿子陈经纶去找福建巡抚金学曾，建议他在福建推广种植红薯，让农民平安度过荒年。最初，金学曾不相信陈振龙父子的话，他让陈经纶先试种红薯。

四个月后试种成功，金学曾发现红薯确实如陈振龙所说的那样，产量大，味道甜美，于是立即命令福建各地官员推广种植，并旌表了陈氏父子的义行。当年，福建百姓种植的红薯收成很好，福建百姓也平安地度过了荒年。

后来，陈经纶的孙子陈以桂把红薯传入浙江。明万历三十五年（1607年），上海遭遇大灾，正在上海守孝的科学家徐光启，得知红薯可以在干旱之地种植后，立即从浙江引入上海，并大力推广种植，使上海灾民也平安地度过了灾年。

红薯的吃法

红薯的根茎和叶子都可以制成美味的食物。红薯的块根既可以烤着吃、煮着吃,也可以晒干后制成红薯干或红薯粉来吃。红薯叶则可以当成青菜炒来吃。

有明一代,由于交通和通信设施比较落后,农业技术的推广太过于依赖朝廷和地方官员,致使红薯和玉米迟迟未能在全国推广种植。

明末,全球进入小冰河期,旱灾席卷明朝12个省,全国15个省中只有广东、福建、云南没有旱灾。至崇祯十四年(1641年),北方各省的旱灾已持续了10年以上,此时大量饥民已经成为流民或起义军,再推广种植红薯已经来不及了。因此,虽然明朝早早就种植了红薯、玉米、土豆等耐旱高产的农作物,但还是避免不了被饥饿的起义军攻入北京,并被清军乘虚而入最终亡国的悲剧。

先薯祠

陈振龙将红薯带回福建,他的儿子陈经纶将红薯推广至福建各地,陈经纶的儿子陈以桂又将红薯引入浙江,陈以桂的儿子陈世元又传种到山东,陈世元又让他的长子陈云、次子陈燮传种到河南和黄河以北地区,让三子陈树传种到北京。陈世元还编写了《金薯传习录》,详细介绍红薯的栽培方法。陈氏一门六代,一直致力于红薯的推广工作,为了表彰他们的功绩,人们在福建建立"先薯祠"。

吃不饱的皇帝和浪费的太后

清朝统治者是满族人,来自白山黑水间的东北大地。清军入关后,清朝统治者也把他们在东北地区形成的饮食习惯带到北京城。

不过,清朝统治者入主紫禁城后,也效法明朝宫廷,以"尝鲜"为由,按季节征收各地的时鲜贡品。全国各地的美食就这样慢慢地都汇集到了宫廷中。于是,清朝宫廷饮食最终打破了"关东货"一统天下的局面,皇帝的餐桌上终于出现汉族和满族的名菜佳肴共存的现象。

清朝时期,通常皇帝的每餐至少有20多道菜、4种主食,但清朝的皇帝经常吃不饱,这是因为清朝皇帝仍然遵循东北地区一日两餐的习惯,6点至8点吃早餐,中午12点至下午2点吃午餐,晚餐不吃。而且皇帝用餐时,怕被人下毒,除了让人用各种银器验毒外,每一道菜最多只能夹三次。据传,清朝同治帝就是

偷食物的同治帝

清朝同治在六岁当皇帝后,一日两餐只能吃两宫太后赐给的几样杂粮粥和面汤,肉食少得可怜,根本吃不饱,饿得太难受时,就偷太监的食物吃。太监发现后,怕被慈禧太后惩罚,立即把食物夺过来丢掉。由于长期吃不饱,可怜的同治十九岁就病逝了。

因为长期吃不饱，导致营养不良而病逝的。

但是，同治皇帝的亲生母亲慈禧太后，在饮食上却非常奢侈和讲究。根据史料记载，慈禧太后的一餐饭通常要摆上150多种菜肴，此外还有20多种干果、茶点之类的消遣小食。

受东北地区饮食的影响，清朝历代统治者都爱吃火锅。乾隆皇帝就非常爱吃火锅，清朝内务府《膳底档》记载，自1799年8月16日起，此后一个月，乾隆皇帝就吃了23种不同的火锅。慈禧太后也爱吃火锅，她最喜爱吃的菊花火锅制法相当简单，将鱼肉片和鸡肉片放入火锅中煮熟后，再将白菊花瓣放入火锅内煮片刻就可以了。

满汉全席

清朝宫廷举办宴会时满人和汉人合坐的一种全席，席上菜肴至少有108种（南北菜各54道），由江南地区的官场菜演变而成，既有宫廷菜肴的特色，又有各地风味之精华。

金瓯永固杯

皇帝的专用酒杯。

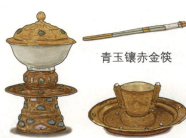

金錾花高足白玉盖碗　　青玉镶赤金筷　　金嵌珠錾花杯

掐丝珐琅爵、盘　　青玉柄金匙　　青玉柄赤金叉

清朝皇帝吃饭使用的餐具非常讲究，以金银玉器为主，其次是珐琅和瓷器，即使是瓷器也是用最上等的。

周朝有盘鼎　　汉朝分格鼎

我国很早就有了火锅，西周时，人们创造了一种有盘鼎、鼎内放各种食材、鼎下有个盘、盛放炭火来煮鼎肉的食物，类似于现在的边炉火锅。汉朝时，人们又发明了一种有五个格子的"分格鼎"，是现代鸳鸯火锅的始祖。清朝，火锅风行全国。

51

古代粮食之战

中国自古以来就以农耕为主，粮食无疑关系到天下安危。纵观中国历史上发生的大大小小的战事，大都与粮食有关，比如连年灾荒之后爆发的大规模起义，再比如缺粮游牧民族入侵中原的掠夺战争。

从春秋战国时期开始，各方势力为了得到更多的土地和粮食，无时无刻不在算计自己的邻居。其中，粮食之战打得最漂亮的当属齐国。三国时期，为了得到粮食，吕布和刘备使出的计谋也是花样百出。

抢劫粮食

古代，每当就要断粮的时候，游牧民族就去抢夺中原地区老百姓的粮食。

买鹿制楚

有一年，齐桓公想征伐楚国，又害怕打不过强大的楚国。这时，齐国宰相管仲向齐桓公献上一计。齐桓公依计而行，派人去楚国高价收购活鹿，并散布消息说，贩鹿到齐国可以发大财。于是楚国人民不再耕种粮食，全去捉活鹿了；而齐国却大量购买楚国的粮食并偷偷储藏起来。两年

后，楚国大旱，严重缺乏粮食，齐国却不再购买楚国的活鹿。结果，为了不被饿死，大约一半的楚国人投降了齐国。

秦晋韩原之战

春秋早期，晋惠公在姐夫秦穆公的帮助下当上晋国的国君，却背信弃义，将答应给姐夫的五座城池赖掉了。后来，晋国连年闹灾荒，粮食大减产，晋惠公向姐夫借粮，秦穆公二话不说就派人用船把粮食运到了晋国。第二年，秦国也遭遇了灾荒，秦穆公向晋惠公借粮，晋惠公却宁愿跟秦国开战，也不供粮。这下秦穆公火大了，立即发兵攻打晋国，并将晋惠公抓回秦国。最后，还是晋惠公的姐姐出面求情，秦穆公才释放了晋惠公。

假种灭吴

春秋时期，有一年，吴国粮食大减产，为了让粮食增产，吴王夫差命令越国向吴国上贡优良稻种。越王勾践跟宰相合计将大量已经煮熟的稻谷混入良种中上贡给吴国。结果，吴国种了这种稻种后颗粒无收，为了活命，许多百姓逃去别的国家。第二年，吴国就被越国灭掉了。

有粮就是娘

三国时期，吕布率领自己的部队去攻占徐州，刚得到徐州的刘备无力抵抗吕布，只好将吕布安置到之前占领的豫州。袁术怕吕布和刘备联合起来攻打自己，于是使用了离间计，送给吕布20万斛（540万斤）粮食，让吕布帮自己打刘备。吕布收到粮食后，立即攻占了刘备的后备粮仓下邳。最后，没有了后备粮的刘备只好将徐州拱手让给吕布。

食盐争霸战

古代社会，盐是非常重要的物资，价格堪比黄金，谁控制了盐，谁就控制了财富。自古以来发生过不少为盐而进行的大战。

早在四五千年前，我国的第一次夺盐大战就已展开。当时，为争夺河东盐池，黄帝与蚩尤爆发了涿鹿之战。经此一战，黄帝完全掌握了盐的生产和销售，巩固和扩大了势力范围，逐渐兼并了炎帝和蚩尤部落，形成了华夏民族的基础。可见，食盐不但意味着财富，还左右着天下大势。

得天下者必先得盐，秦国人早就认识到这一点。为了夺取中原六国的产盐区，摧垮敌军的战斗力，秦国通过三场夺盐之战，终于为秦国统一天下打下了基础。

池盐之战

夺盐之战中，秦国的第一个目标指向了魏国。春秋时期，解州（今山西运城）盐池在三晋地区，三家分晋后就落入了魏国和赵国的手中。公元前293年，秦国大将白起在伊阙击败了韩魏联军，迫使韩魏两国割地赔偿。公元前286年，魏国将旧都安邑拱手相让后，秦国终于将解州盐池完全收入囊中。

春秋时期，为了增加赋税，齐桓公采纳了宰相管仲提出的"官山海"制度，即实行盐业专卖政策。这一政策让齐国积累了巨大的财富，使齐桓公成为春秋五霸之首。战国时，五国伐齐后，齐国不再对外卖盐，国力就慢慢衰弱了。

海盐之战

西周时,姜太公的封地位于东海之滨,多是盐碱地,不适合耕种。齐国开始很弱小,为了发展经济,齐桓公大力发展纺织业和盐业,终于使齐国成为大国。公元前284年,燕国率领五国伐齐,秦国也去凑热闹。经此一役后,齐国的海盐生产业遭到了严重的破坏,没有盐业支撑,齐国的国力也就慢慢衰弱了。

春秋末期,魏桓子、赵襄子、韩康子三家大夫瓜分了晋国的土地,建立了魏、赵、韩三国。三家分晋的结果是:魏国得到解州盐池,最强大;赵国得到河北的盐田;韩国没有得到盐产地,最弱小,最先被秦国灭国。

井盐之战

公元前377年,巴国向楚国借兵镇压内乱,楚国趁机占据了巴国的重要井盐产地——盐水。之后十年,楚国通过战争占据了巴国的全部井盐产地。秦国灭蜀国后,也加快了对巴地井盐产地的攻略。为了掐断楚国的经济命脉,公元前280年,秦国发动了战国时期夺盐之战中规模最大的战争。秦国大将白起兵分三路,快速攻入楚国境内,围攻了楚国的都城,还焚烧了王陵,最后占领了楚国的产盐区,即巫郡、黔中郡。

至此,除了齐国残存的海盐产地之外,秦国基本掌控了中原地区的重要产盐大区。在楚国失去中原最后盐产区的第17年,秦国终于迎来了加速其统一中国进程的长平之战。

巴国内乱之时,巴国将领巴蔓子向楚国求助,楚国趁机提出事成后割走巴国拥有两处产盐重地的三座城市。平息内乱后,巴蔓子不想兑现对楚国的承诺,要地没有,要命一条,于是便自刎谢罪。

五味调和

所谓五味，就是咸、酸、甜、苦、辣五种味道。我国古代中医认为五味不仅和人的五脏相应，而且五味中的任何一味都可以找到跟其相匹配的一味。五味跟五行一样，五行中的金、木、水、火、土相生相克，五味中的咸、酸、甜、苦、辣也一样相生相克。

要使五味调和，烹饪时就要根据食材的特点，调和其过分的味道，使味道达到和谐适中。五味中"咸生酸"，咸味调和了酸味，让食物既解腻又爽口；酸则是辣的搭档，既能解辣的刺激，又让人口舌生津；咸能克苦，苦味饮料中加点盐，能让饮料的口感变得丰富而奇妙；酸能解甜的腻味，让食物变得酸甜可口……

调和五味

商朝大臣伊尹是最早提出调和五味的人。伊尹不但精通厨艺，还精通治理国家的方法，担任商朝的尹（相当于丞相）后，提出"以鼎调羹""调和五味"的治国理论，认为一国之君只有像厨师一样调和好五味（各方面的关系），才能治理好国家。

咸　味

咸味是五味中最重要的，也是最不可缺少的。食物没有咸味，就会寡淡无味。咸味主要取之于盐。盐不仅含有人体不可缺少的物质，还具有消炎止血、杀菌消毒、清热去火、治肝顺胃等功效，是古代行军打仗的必备品。盐还可以用来制作豆瓣酱、豆豉、咸鱼、咸鸭蛋、咸肉、咸菜等可以长期保存的食物。

咸肉

咸鸭蛋

咸鱼

豆瓣酱

豆豉

酸　味

人类最早的酸味调料品是从梅子或其他水果中提取的。商周时期，人们就用梅子制成的梅浆为食物调味。我国酿醋时间更早，相传酸是由酒神杜康的儿子黑塔发明的。汉朝开始大量生产醋。宋朝时醋成了家家必备的调味品，杭州名菜西湖醋鱼，就是宋朝名厨宋五嫂创制的。除了梅子和醋外，酸味食物还有酸菜、柠檬、山楂等。

酸菜：清洗干净后，密封腌制至发酵变酸的蔬菜，主要用青菜或白菜制成。
醋的发现：相传，杜康的儿子黑塔因舍不得丢掉酿酒用的酒糟，就把它们放在一个大缸里。一段时间后，大缸就发出浓浓酸醋味，醋就这样出现了。

| 醋 | 柠檬 | 梅浆 | 酸菜 | 山楂 | 西湖醋鱼 |

甜 味

甜味是很多人都喜欢的味道。人类最早是从苹果、梨、桃子等水果中尝到甜味的，后人又从蜂巢中获取了蜂蜜。我国最早制作的人工甜味品是饴糖，饴糖最先由大麦、小麦等粮食经发酵糖化而成。在我国，饴糖最早出现在西周时期，战国时已成为很常见的食品。人类很久以前就会种植甘蔗，但我国直到唐朝才用甘蔗制糖。甜味食品主要有白糖、红糖、饴糖、蜂蜜等。

糖车
古代的"榨汁机"，用牛拉着犁担，带动两个轮反向旋转，带动甘蔗不断被绞进去，糖水就从鸭嘴流出来了。

| 麦芽糖 | 冰糖 | 糖画 | 甘蔗 | 黑糖 |

苦 味

苦味是最不受欢迎的味道。多数中药材是苦的，这也是中药不受欢迎的原因之一。苦味食品往往药食同源，既可做药又可做食物，比如莲心、陈皮、苦瓜、杏仁等。

| 莲心 | 陈皮 | 苦瓜 | 杏仁 |

辣 味

辣味只是一种刺激到口腔的辛辣感觉，是不算味道的味道，早期称为辛味，明朝引入辣椒后才称为辣味。我国的辣味食品主要有辣椒、花椒、蒜、姜等。

| 辣椒 | 花椒 | 蒜 | 姜 |

57

各地美食

我国幅员辽阔,各地自然条件、物产资源、生活习惯等有很大的差异,造成各地的饮食品种各不相同,形成了丰富多样、各具特色的饮食风味流派。饮食风味流派的形成,原因是非常复杂的,有自然因素、历史因素,也有文化因素和政治因素。就地方划分而言,我国饮食风味流派主要有粤菜、川菜、鲁菜、苏菜、浙菜、闽菜、湘菜、徽菜,称为"八大菜系"。

粤菜

即广东菜,包含广州菜、潮州菜、客家菜,菜式繁多、烹调考究、质优味美。粤菜源自中原地区,传承了孔子倡导的"食不厌精,脍不厌细"的饮食风格,选料比较精细和广泛,花样繁多,烹饪技法集中西之长,并勇于创新,讲究鲜、爽、嫩、滑,菜肴色彩明艳、滑而不腻,代表名菜有烤乳猪、蜜汁叉烧、牛肉丸、盐焗鸡等。

烤乳猪　　　蜜汁叉烧　　　牛肉丸　　　盐焗鸡

川菜

即四川菜,起源于古巴国和古蜀国,用料广泛,味道多样,有麻、辣、甜、咸、酸、苦六种味道,在六种基本味上又调配出多种复合的味道,烹饪手法以小炒、干烧、干煸、小煎为主,代表菜品有夫妻肺片、毛血旺、宫保鸡丁、水煮肉片等。

夫妻肺片　　　毛血旺　　　宫保鸡丁　　　水煮肉片

鲁菜

即山东菜,古代宫廷最大的菜系,为八大菜系之首,由齐鲁菜、胶辽菜、孔府菜三种风味组成,以咸鲜口味为主,以鲜、嫩、香、脆著称,十分讲究清汤和奶汤的调制。清汤就是用鸡、鸭、肘子为主料,烹制而成的乳白色的汤。鲁菜在烹饪手法上以爆、烧、炒、塌为主,代表菜有清汤全家福、九转大肠、葱烧海参、糖醋鲤鱼等。

清汤全家福　　　九转大肠　　　葱烧海参　　　糖醋鲤鱼

苏 菜

即江苏菜,主要由徐海菜、淮扬菜、南京菜、苏南菜等地方菜组成,古代宫廷第二大菜系,当今国宴的主打菜,食材以新鲜水产品为主,重视调汤,注重保持菜的原汁原味,味道清淡,颜色清新,制作精美,刀法多样。烹饪手法上擅长炖、焖、蒸、炒,著名菜肴有松鼠鳜鱼、盐水鸭、水晶肴蹄、金陵烤鸭等。

松鼠鳜鱼

盐水鸭

水晶肴蹄

金陵烤鸭

浙 菜

即浙江菜,主要由杭州菜、宁波菜、绍兴菜、温州菜四种地方菜组成,历史悠久,起源于旧石器时代的河姆渡文化,品种丰富,菜式小巧玲珑,常用香糟调味,菜肴鲜美滑嫩,脆软清爽。烹饪技法以煨、焖、烩、炖为主,名菜有西湖醋鱼、东坡肉、叫花鸡、西湖莼菜汤、爆墨鱼花、宋嫂鱼羹等。

叫花鸡

西湖莼菜汤

爆墨鱼花

宋嫂鱼羹

闽 菜

发源于福州,是以闽东、闽南、闽西、闽北、闽中、莆仙等地方风味为主形成的菜系,以福州菜为代表,菜肴以各种山珍海味为主,清爽、鲜嫩,味道偏甜酸,多以汤菜为主,善于用红糟作为调料,让人有"百汤百味"和"糟香"扑鼻的感觉,代表菜有佛跳墙、炸蛎黄、煎糟鳗鱼、龙身凤尾虾等。

佛跳墙

炸蛎黄

煎糟鳗鱼

龙身凤尾虾

湘 菜

即湖南菜,以湘江流域、洞庭湖区和湘西山区三种地方风味为主,以湖南菜为代表,用料广泛,制作精细,口味多变,味道上偏重于酸辣,鲜香,软嫩,烹饪手法以煨、炖、腊、蒸、炒为主,代表菜有长沙麻仁香酥鸭、九嶷山兔、花菇无黄蛋、湘西酸肉等。

长沙麻仁香酥鸭

九嶷山兔

花菇无黄蛋

湘西酸肉

徽 菜

即安徽菜,包括皖南菜、皖江菜、合肥菜、淮南菜、皖北菜五种地方风味,以皖南菜为代表,口味比较重,重油、重色、重火工,芡重、色深、味浓,烹饪手法上擅长烧炖,经常用火腿辅助调味,用冰糖来提鲜,口感以咸、鲜、香为主,名菜有三河酥鸭、腌鲜鳜鱼、火腿炖甲鱼、徽州毛豆腐等。

三河酥鸭

腌鲜鳜鱼

火腿炖甲鱼

徽州毛豆腐

节日美食

我国的传统节日很多，有些节日历史悠久，最远可以追溯到夏商时期，其产生与天文历法、重大历史事件和历史传说有关，内容丰富，每个节日都有固定的节庆和礼仪活动，以及独特的美食。我国传统节日美食历经几千年，有的渐渐被人们淡忘了，有的却传承了下来，形成了现在的节日食谱。

春　节

春节是中华民族最隆重的传统节日，时间为农历正月初一，旧时称为元旦，起源于夏商时期，辛亥革命后改称春节，而把公历的1月1日称为元旦。春节的前一天是除夕，又叫"大年三十"，这一天家家户户都要全家聚在一起吃年夜饭、守岁。我国南方和北方的年夜饭是不同的，北方过年要包饺子、吃饺子，饺子音同交子，是新旧交替之意。南方的部分地区过年要吃年糕、鱼、肉等，年糕意喻"年年高"，鱼意喻"年年有余"。

元宵节

又称上元节、元夕节、灯节，起源于民间开灯祈福古俗。古时，每年正月十五日夜晚，民间家家户户都要点灯，进行祭神祈福活动。所以，元宵节夜里处处张灯结彩，各式各样的宫灯、人物灯、花卉灯、动物灯、壁灯……流光溢彩，人们成群结队去观赏花灯，有的花灯还有谜语。元宵节还要吃元宵。

元宵是以白糖、芝麻、豆沙、枣泥等为馅儿，用糯米粉包成的糯米团子，有团圆美满的寓意。除赏花灯、吃元宵、猜谜语等民俗活动外，有的地方还增加了游龙灯、舞狮子、踩高跷、划旱船、扭秧歌、打太平鼓等表演活动。

清明节

又称踏青节、三月节、祭祖节等，时间在农历三月（公历 4 月 5 日左右），是华夏民族最隆重盛大的祭祖大节，起源于远古时期的祖先信仰与春祭礼俗，在发展的过程中又融合寒食节与上巳节的习俗。

寒食节是晋文公为纪念忠义之臣介子推而设立的节日，这一天禁烟火，只可以吃冷食。

上巳节，俗称三月三，是古代"祓除畔浴"活动中最重要的节日，这一天人们要结伴去水边洗浴，据说这样可以祈福消灾。清明节的美食主要有寒食粥、青团、糯米饭。

寒食粥　　青团　　糯米饭

端午节

又称重午、五月五、龙船节，起源于纪念战国时期楚国爱国诗人屈原。端午节有赛龙舟、吃粽子、饮雄黄酒、放艾叶、挂香囊等习俗。粽子是用粽叶包裹糯米和馅儿料蒸制而成的美食，有咸粽和甜粽两种口味。

粽子　赛龙舟　赏月　桂花酒　月饼

中秋节

又叫团圆节、仲秋节，时间在农历八月十五。中秋节有祭月、赏月、吃月饼、饮桂花酒的习俗。中秋节的月亮又圆又亮，人们仰望圆月时，都祈盼全家人年年都能团聚。月饼最初是拜祭月神的供品，形状是圆形，象征着大团圆，现在一般用来祭月、赠送亲友。

重阳节

又叫重九节、菊花节，时间在农历的九月初九。古时，每逢重阳节，人们都会参加登高、赏菊、吃重阳糕等活动，以求免祸呈祥。现在重阳节被定为尊老敬老的节日，所以又称为老人节。

菊花酒

重阳糕

登高

版权专有　侵权必究

图书在版编目（CIP）数据

写给孩子的古人日常生活. 吃喝的礼节 / 大眼蛙童书编绘. -- 北京：北京理工大学出版社，2024.10
ISBN 978-7-5763-2390-0

Ⅰ.①写… Ⅱ.①大… Ⅲ.①社会生活—中国—古代—儿童读物②饮食—文化—中国—古代—儿童读物 Ⅳ.①D691.93-49②TS971.2-49

中国国家版本馆CIP数据核字（2023）第089072号

责任编辑：王梦春		**文案编辑**：杜　枝		
责任校对：刘亚男		**责任印制**：李志强		

出版发行 /	北京理工大学出版社有限责任公司
社　　址 /	北京市丰台区四合庄路6号
邮　　编 /	100070
电　　话 /	（010）68944451（大众售后服务热线）
	（010）68912824（大众售后服务热线）
网　　址 /	http://www.bitpress.com.cn
版 印 次 /	2024年10月第1版第1次印刷
印　　刷 /	三河市嘉科万达彩色印刷有限公司
开　　本 /	787mm×1092mm　1/16
印　　张 /	16
字　　数 /	280千字
定　　价 /	198.00元（全四册）

图书出现印装质量问题，请拨打售后服务热线，负责调换

写给孩子的古人日常生活

穿衣的讲究

大眼蛙童书 ◎ 编绘

北京理工大学出版社
BEIJING INSTITUTE OF TECHNOLOGY PRESS

60	58	56	54	52	50	48	46	44	42	40	38	36	34	32	30
缂丝织锦	古代士兵防护服	古代雨具	束带穿袜	花样百出的鞋子	敷粉·画眉·点唇	凤冠霞帔	发髻	头巾升值记	帽子进化史	纨绔是非	儿童服饰	凤舞九天	冠冕堂皇	颜色之争	飞龙在天

目 录

- 02 兽衣披了几万年
- 04 编织出来的衣服
- 06 金字塔式的衣服
- 08 胡服骑射
- 10 广袖长袍
- 12 越来越宽的衣服
- 14 帅气的唐朝袍服
- 16 绚丽开放的唐朝仕女服
- 18 典雅与实用的宋服
- 20 棉花带来的温暖
- 22 黄道婆和纺织机
- 24 明朝『衣冠禽兽』
- 26 剃发易服
- 28 布料之战

兽衣披了几万年

很久很久以前，原始人还跟猿猴一样，身上长满了又长又密的毛发。当他们学会直立行走和使用工具后，身上的毛发渐渐脱落。

没有了毛发的原始人，夏天为了免受日晒雨淋、蚊虫叮咬之苦，将树叶或茅草披挂在身上；冬天为了御寒，将兽皮披在身上。随着生活经验的不断丰富，为了防止披挂在身上的树叶、茅草和兽皮脱落，原始人还学会用条状物将它们束扎在身上，从而产生了衣服。

这些衣服不但有遮阴保暖的功能，还有伪装功能。原始人常披着这些衣服去迷惑猎物，在被猎物发现前，进行突然袭击，一举将猎物擒获。

原始人的衣服非常简陋，上身不穿衣服或穿很少的衣服。不过，天冷时会将整块兽皮包裹上身，或在一大块兽皮中挖一个洞，将脑袋套进去。下身一般扎束宽大柔软的树叶或兽皮，以便遮挡重要部位。

大约在3万年前，原始人发明了石器和骨器，开始将兽皮切割成所需要的形状，披在

打猎归来　切割兽皮　晾晒兽皮　磨制骨针　缝制兽皮　穿上新衣

身上。但那些被切割下来的一块块边角料如果弃之不用，会非常浪费，于是原始人又发明了骨针。有了骨针后，原始人先用骨刀将兽皮切割成需要的形状，然后再用又长又尖的骨针将一块块兽皮缝制成合体的衣服。不仅如此，他们还能将兽皮缝成门帘，挂在洞口，遮挡严寒。

原始人还用骨针制作了许多小饰品。他们用比较粗的骨针在动物的牙齿、贝壳、小石头上钻出小孔，然后再用细一些的骨针和绳子将它们串在一起，制成项链之类的饰品。

编织出来的衣服

据我国古代典籍记载，4000多年前的黄帝时期，我国古人才穿上麻布制成的衣服。黄帝的大臣伯余是史书上记载的最早用葛或麻制作衣服的人。

其实，根据考古发现，早在6000多年前，我国古代的河姆渡人和半坡人就学会了提取植物纤维纺织布料的技术。他们将野生葛或麻的皮剥下来，放在水中浸泡使之变软，再用力捶打，去掉杂质，漂洗干净后，得到粗糙的纤维，将纤维搓成绳子后就可以用来织网了。

采葛麻归来

将剥好的葛麻皮放入热水中浸泡

捶打葛麻皮，去掉胶质，只留下纤维

转动纺轮，将纤维拉细，捻出麻线

不久，人们发明了纺轮，用纺轮捻出来的线，又细又长，速度还快，织成的衣服既柔软又轻薄，比之前手工搓线制成的粗麻布好多了。先民最初用"手经指挂"的方式将麻线织成布匹。所谓"手经指挂"就是将一根根纱线依次绑在两根木棍上，再将两根木棍拉开使纱线绷紧，固定好木棍后，用手指像编席或网那样将纱线织成布匹。周朝发明了织布机后，"手经指挂"的织布方式就被弃用了。不过，在我国西南地区一些少数民族中，还保留着这种原始的织布方式。

我国最早的布料原料是葛纤维。它与稍后出现的麻类纤维、蚕丝等天然材料一起成为我国先民制作服装的主要原料。

手经指挂

金字塔式的衣服

夏朝建立后，随着部落的公共财产逐渐被私人占有，贵族阶级也渐渐形成了。夏朝的统治者为了巩固自己的地位，制定了严格的等级制度。当时，只有显赫的贵族才能穿用丝绸制成的华美的衣裳，普通百姓只能穿用兽毛搓线编织成的褐衣，或者用麻葛纺织制作的布衣。

周朝时，为了"别等级，明贵贱"，更是建立了规范的服饰制度。上至天子，下至普通百姓，什么时候、什么场合、什么身份穿

周朝士最高礼服，服饰颜色跟冕服相似，衣裳上没有图纹。爵弁是三代士子参加祭祀时的礼服，也是士最高的礼服。

诸侯看见周天子时穿的礼服：白鹿皮帽子，白麻布上衣，下裳颜色较素净、腰间部分打褶、有蔽膝。

冠弁，打猎时穿的猎装，帽子和上衣为黑色，下裳用打褶的素色衣料制成。

什么衣服，都是规定好的。祭祀、朝会、大婚时要穿礼服，打仗时要穿战袍，平常在家时要穿常服。

周朝的礼服一般指冕服，主要由玄色的上衣和红色的下裳组成，一般还会佩戴一种叫作"蔽膝"的配饰。

冕服上都绘有图纹，叫"章"，最多可以描绘十二种图纹，称为"十二章"。礼服上的"章"根据官职的不同有所增减，官越大"章"越多。十二章的衣服只有天子才能穿。天子以下的公、侯、伯、子、男等不同爵位，章纹的数量依次递减，其中官位最低的子爵只能穿藻、火以下五种章纹。

周朝的礼服有很多种，除了冕服外，还有一种叫"弁（biàn）服"的礼服，分为爵弁、皮弁、冠弁三种款式。

周朝时，人们一般只在出席重大活动时才会穿礼服，平常的日子只穿常服。常服因剪裁方便，穿着舒适，而且不分尊卑，无论老少都可以穿，所以深受人们的喜爱。

胡服骑射

春秋初期，我国服饰仍然以上衣下裳为主流，不过也出现了一些新的变化。起源于虞朝的深衣，在社会上开始流行起来。深衣是一种上下连属的衣服，相当于现在的连衣裙。这种衣服，不分贵贱等级，全国上下男女老幼都可以穿，成为人们居家旅行的常服。

战国时期，我国服饰又有了新的变化。战国时期，各国混战不休，地处北方的赵国还一直饱受胡人骑兵的侵扰，令赵国君王苦恼不已。在连连吃了败仗之后，赵国第六位

不适合打仗的冕服

跑步易走光的深衣

中原易走光的战袍

方便骑射的胡服

君王赵武灵王意识到，赵国军队的装备虽然比胡人优越，但将士身上穿着宽袖长裳，行动不便，不适合打仗；而胡人上身穿窄袖短袄，下身穿合裆裤，骑马射箭来去如飞，非常灵活。

为了打胜仗，赵武灵王决定组建战斗力强大、行动灵活的骑兵部队。他命令将士学习骑马射箭，同时宣布对服饰进行改革。他命令士兵脱下宽袖长裳的汉装，穿上短衣紧袖、长裤革靴的胡装。

赵武灵王宣布"胡服骑射"时，遭到朝中许多大臣的反对。赵武灵王的叔叔公子成是其中的代表。他认为赵武灵王放弃传统服式改穿胡服，是对老祖宗训示的大不敬，是大逆不道之举。当赵武灵王在校场请他穿胡服参加骑射时，遭到了他的拒绝。为了说服以叔叔为代表的大臣，赵武灵王当着大臣们的面，穿上胡服表演骑射，并从赵国的地理位置、当前的处境，以及改穿胡服的好处向大臣们做详细的说明，终于说服了朝中反对易服的大臣。就这样，赵国将士和贵族开始改穿胡服，原本属于北方少数民族服饰的裤子开始引进中原地区。

广袖长袍

秦始皇灭六国后,建立了秦朝,随后他统一了币制、文字、度量衡,并对服制进行改革。他将传统的"六冕"革去五种,只保留玄冕——上下皆为黑色的大礼服。秦朝时,黑色是最高贵的颜色,普通百姓和士兵没有资格使用,只能使用红、黄、白、紫、绿等颜色。

秦兵马俑服饰

1974年,秦始皇陵墓的兵马俑刚出土时,像真人一样身上穿着各种颜色的衣服,可惜没多久,兵马俑身上的颜色就氧化脱落了。

刘邦推翻秦朝后,沿袭并完善了秦朝的服饰制度,以黑色为贵。西汉和东汉前期没有实行冕服制,上至皇帝下至官吏都穿深衣制的长袍。官员一般根据季节改变官服的颜色,着"五色服",即春着青,夏着红,夏末着黄,秋着白,冬着黑。但事实上,官吏们一年四季都穿黑色。

深衣是汉朝最流行的服装款式,不论尊卑,男女老幼皆可穿。深衣

汉朝五色服

源于虞朝的先王有虞氏（黄帝曾孙），因"被体深邃"而得名，原为周朝平民的礼服、贵族的常服，战国时流行于楚国，故又被称为"楚服"。深衣又分为曲裾深衣和直裾深衣两种款式。

汉朝时女子裙子的样式很多，其中最有名的是"留仙裙"。留仙裙的出现与汉成帝的皇后赵飞燕有关。据传，有次赵飞燕在鼓上跳舞时，突然间狂风大作，狂风中赵飞燕飘飘若仙似要乘风而去，宫人们忙去抓她的裙子，把裙子抓出了褶皱，但裙子更漂亮了。从此，汉宫女子都喜欢穿折叠出褶皱的裙子，并美其名曰"留仙裙"。

汉朝歌舞表演也有很大的发展，从事歌舞表演的女子会在袖子的末端接一条又窄又长的绸绢，并称之为"水袖"。舞者跳舞时，水袖因舞动而摇摆翻飞，使整支舞蹈显得飘

曲裾与直裾

裁剪深衣时，前襟要接长一段，穿时绕到背后，当裹缠在身上形成"曲裾"时，称为"曲裾深衣"；当裹缠在身上，垂直而下，形成直裾时，称为"直裾深衣"，前者款式比后者宽松。

留仙裙

水袖

逸空灵，别有韵味。

汉朝服式的多样，与丝绸业蓬勃发展有关。汉时，丝织工艺发达，不仅能制造一种比蝉翼还薄的透明单衣，还能织出带有彩色花纹的锦。自从丝绸之路开通后，锦成为西域商人最喜爱的丝织品。织制用的织机叫提花机，是当时世界上最先进的纺织机。

提花机

11

越来越宽的衣服

袍服发展到魏晋时期,样式开始出现非常大的变化,宽衣博袖成为其最大的特点。所谓宽衣博袖,就是宽大的衣身、长长的衣带的意思。此外,汉时贵族女子非常喜欢穿的单衣,至魏晋时期演变成男子常穿的袍服。单衣是一种袍式衣装,用单层丝帛或麻布缝制而成,以白色为主,比袍服短一些,一般作为外衣穿在袍服的外面,最初是汉朝宫中女官穿的服装,单层无里子。

汉朝制造单衣的工艺非常高超。1972年,湖南长沙马王堆一号汉朝辛追墓出土的素纱单衣,是世界上现存最早、保存最完整、制作工艺最精湛、质地最轻薄的衣服,现藏于湖南省博物馆。此件素纱单衣为交领、右衽、直裾,样式跟汉时流行的深衣相似,但袖口较宽,除衣领和袖口边缘用织锦做装饰外,整件衣服用素纱制成,无里子,无颜色,服仅重49克,不到一两[①],可谓轻若烟雾,薄如蝉翼。

魏晋时期,由于社会动荡不安,政治险恶,人们过着

---

① 1两=50克。

朝不保夕的日子，士族普遍对生活失去了信心。一些有才学的名士为了逃避现实，崇尚及时行乐的生活，喜欢游山玩水和饮酒作乐。他们生活上不拘小节，在衣着上喜欢穿又宽又大的袍服，在腰间系上长长的带子，走路时衣袂迎风飘扬，非常洒脱。有的名士在衣着上喜欢以怪诞为美，在开怀畅饮时经常袒胸露背，有的甚至一件衣服都不穿。

在这样风气的影响下，女子的衣服跟男子一样，也喜欢穿宽衣博袖的服式。与男子服式不同的是，当时女子的上衣裁剪得非常窄小合身，只是两只袖子比较宽大，下裳则裁剪得非常宽大，呈现出"上俭下丰"的特点。

长袍和短褐

由深衣发展而来的一种服式，长的称为"袍"，短的称为"褐"，先秦之前就已经出现，刚开始是一种缝有棉絮的内衣，穿时要加外衣，秦汉时逐渐变成一种外衣。

单衣

只用一层布料缝制成的外衣，袖子宽大、垂直，袖口不收紧，一般采有对襟，也有交领，衣襟可以用带子系住，也可以不用带子。

图中的洛神衣着华美艳丽，宽衣博带，衣袂飘飘，充分体现了魏晋女子服饰"上俭下丰"的特点。

帅气的唐朝袍服

唐朝建立之前，人们在服式上仍然沿袭魏晋的样式。唐朝建立后，由于受到胡人的影响，人们喜欢穿一种叫翻领袍的胡服。翻领袍，顾名思义就是衣领向外翻的长袍，衣领与今天的西服衣领相似。

到唐太宗时期，开始流行一种在膝盖部位加一条襕（lán）线的袍服，这种袍服被称为襕袍或襕衫。襕袍由圆领袍发展而来，最初出现在北周时期，原本是胡服的一种，引入

翻领袍

领子向外翻的长袍，是西域少数民族早期服饰。

圆领袍

袖子比较窄，衣服只到膝盖，穿时要搭配满裆裤。襕袍由此发展而来，膝盖以下补缀一圈象征下裳的下摆。

中原后，又根据上衣下裳的服制加以改造，使之成为上下一体的衣服。圆领袍是南北朝时出现的一种圆领子的衣服，袖子较窄，衣服只到膝盖，穿时搭配满裆裤。

缺胯袍

铭袍
又称为绣袍，唐朝武周官服，绣有铭文或鸟兽图案。

　　除了襕袍，缺胯袍也颇受唐朝男子的喜爱。缺胯袍是一种开胯袍，即在胯部以下开衩，目的是方便劳作和骑马，最开始被当作军服。后来，缺胯服也颇受普通老百姓的喜爱，于是唐朝服制就将它列为"庶人服"。

　　初唐时，官服上没有任何花纹，仅以颜色区别级别，黄色为最高级，青色为最低级。武则天称帝后，开始改变服制，绣有精美花纹的铭袍成为官员上朝必穿的官服。唐朝的这次官服改制影响深远，以致影响到明清时期。

绚丽开放的唐朝仕女服

唐朝是个兼容并包的朝代，人们崇尚丰满浓艳之美，女子都喜爱颜色艳丽宽大的服装。

上衣下裳仍然是唐代女子服饰的主要款式，通常以短衫襦高腰裙为主，不算新颖，但唐朝女子将它穿出了自己的特色。唐朝上衣以长袖襦衫为主，领子除了交领外，还流行圆领、方领、斜领、直领和鸡心领。女子出门时，常常将半臂套长袖襦衫外，并将披帛搭在两只胳膊上，走起路来披帛迎风飞舞，飘然若仙。

花笼裙

用轻薄纱罗制成，样子像水桶，穿时从头套入。

唐朝崇尚丰满，为显丰满，女子大都喜欢用六破、七破、十二破布料制成宽大的裙子，束在腰间和腋下，从而将腰身掩藏起来，使身子看上去圆滚滚的，特别丰满。唐朝还崇尚浓艳之美，衣服的颜色非常艳丽多彩，主要款式有间裙、石榴裙、花笼裙等。

披帛

用轻薄的纱罗或丝绸制成的长飘带，样式跟围巾差不多。

半臂

半袖衣，袖子只到胳膊肘，有对襟和斜襟两种，男女皆可穿。

间裙

两种或两种以上不同颜色的布料间隔排列缝制而成的裙子，每一间隔称为一"破"，有六破、七破、八破、十二破，颜色以红、黄、绿等为主。

石榴裙

颜色像石榴一样红的单色裙子，深受唐朝年轻女子喜欢。

唐朝女子地位高，受礼教的束缚较小，性情奔放。初唐时，受胡服的影响，宫中开始流行低领露胸服，刚开始露得并不多，盛唐后，袒胸露乳成为一时风尚，不但宫中盛行，民间也以袒胸为美。此外，唐朝女子还喜欢穿男装。唐朝女子的着装充分体现了唐朝开放的社会风气。

典雅与实用的宋服

宋朝建立后,为了统一思想,对服饰进行改革,结束了唐朝服饰纷繁杂乱的状态。

宋朝官服也是常服,既可以上朝时穿,也可以日常居家或交往时穿,形制与唐朝没多大差别,都是袍长过膝的圆领襕袍,只是袖子比较宽大。宋朝官服与唐朝官服相比,最大的不同是在配件上。"方心曲领"是宋朝官服最具特色的配件,革带和鱼符袋则次之。方心曲领是套在宋朝朝服交领上的饰件,一般用白罗制成,上圆下方,体现了古人天圆地方的宇宙观,最能体现宋朝服饰的复古倾向。

褙(bèi)子是宋朝最常见的外衣,由唐朝半臂演化而来,款式多样,以直领对襟为主,前襟没有纽扣,袖子可宽可窄。衣服的长度比较随意,有的只到膝盖,有的长及脚踝,两侧有开衩的也有不开衩的。褙子是宋朝人最喜爱的服饰,不分男女老幼,上至天子下到百姓皆可以穿。

宋朝还流行一种叫扣身衫子的紧身外衣,其特点是圆领、对襟、

宋朝官服

扣身衫子

褙子

袖子宽大、衣服长到膝盖以下。这种外衣因为紧裹着身体，突出了身体的曲线，被认为不端庄，主要在青楼中流行。

袄也是宋朝流行的一种外衣，长度介于衫和襦之间，由两层布制成，又称为夹衣，在两层布之间加入棉絮，发展成为现在的棉袄。

宋朝时，官府规定老百姓只能穿黑色和白色的衣服，其他颜色一律不准穿，否则就要被治罪。但当时生活富足，政治相对宽松，老百姓并没有把这个规定当一回事，除了皇帝的专属颜色——黄色外，宋朝老百姓什么颜色都敢往身上穿。当时普通百姓的衣服样式主要有褙子、凉衫、短褐、背心等。

袄

棉花带来的温暖

在棉布没有大量生产之前，我国中原地区的布料以麻、葛、丝为主。富贵人家大都穿用轻薄丝绸制成的精美衣裳，而穷苦百姓只能穿粗糙的麻布和葛布做成的衣裳。冬天时，富人大都穿昂贵的皮衣，穷人只能穿缀有木棉棉絮的袄。但木棉棉絮的保暖性比棉花的差多了。

棉花原产于印度，大约在秦汉时期传入我国西南地区。汉朝时，我国的广西、广东、海南、云南、新疆等地就已经用棉花当

木棉花

木棉又称攀枝花，属高大落叶乔木，产于广东、广西、四川、云南等地。春天开红花，花落后结出蒴果，蒴果裂开后露出的棉絮，可用作被褥和棉衣的填充物。

木棉的蒴果

木棉的棉絮

观赏棉花

制作棉袄

西域商人和白叠布

白叠布：是西域商人以棉花为主要原料制作的纺织品，又称"百叠"或"帛叠"。

作纺织原料了。

最初，棉花被称为"白叠子"，棉花织成的布料被称为"白叠布"。唐朝时，开始时不时有西域人将少量的"白叠布"运到长安，物以稀为贵，白叠布成为当时非常稀罕的布料，价格相当昂贵。

唐宋时期，棉花经过丝绸之路传入我国中原地区。刚开始，中原人只把棉花当成花卉来观赏，并没有意识到它就是昂贵的"白叠布"的纺织原料。当时人们普遍认为白叠布是用木棉的棉絮织成的。其实木棉絮纤维很短，不适合纺织，只能用来做袄的填充物或者枕头芯。

直到宋末，人们才知道棉花的真正用处。用棉布做成的衣服既透气又轻柔，价格便宜，冬天穿用棉花做的棉袄非常暖和，因此其很快就取代皮衣，成为冬天必备的服装。但人们开始大量种植棉花，是从明朝开始的，还是朱元璋下令强制执行的。从明朝开始，普通老百姓开始有棉袄和棉被保暖，再也不怕寒冷的冬天了。

黄道婆和纺织机

制作布料，免不了要纺纱织布。早先，我国先民用"纺专"纺纱。商周时使用手摇单锭纺车，东汉时开始使用三锭脚踏纺车和五锭脚踏纺车。织机方面，我国最原始的织机是踞织机。春秋时期，我国既拥有能织简单平纹的斜织机，又有能纺织复杂花纹的提花机。

踞织机

中国最原始的织机，因古人操作时是坐在地上或竹榻上进行，故称"踞织机"。

斜织机

机架的经面和水平的机座呈50～60度的斜角，可使织工看清经线张力是否均匀、有无断线等，加上有脚踏板，纺织时可以手脚并用，大大提高了织布的速度。

纺专

纺专由专盘和专杆组成，专盘是由陶质或石质制作的圆块，直径5厘米左右，厚1厘米，中间有1个孔，用来插"专杆"。

手摇单锭纺车

三锭脚踏纺车

黄道婆改造的棉纺车

对适合纺长纤维的三锭脚踏麻纺车的竹轮等进行改造,研制出高效省力的脚踏棉纺车。

乌泥泾棉布

黄道婆最先织出来的一种棉织物,上面织有折枝、团凤、棋局、字样等各种美丽的图案,鲜艳如画。

发明手摇轧棉车

一种通过两根轴相互挤压、摩擦,将棉籽从棉团中挤出来的轧棉车,发明者是黄道婆。

改进弹花弓

将一尺①来长的小弹花弓加长到四尺左右,同时用更有弹性的绳弦替代线弦,使之更省力高效。

宋时,棉花引进中国,人们纺织棉布时,发现无论是脚踏纺车还是提花机,都不适合纺织比葛麻丝短的棉花纤维,所以宋代棉布的产量不高。中国的棉纺织业迫切需要一个人来承担棉纺织技术引进的使命,于是一个里程碑式的人物——黄道婆出现了。

黄道婆,于宋末出生于上海松江乌泥泾,十二三岁做了童养媳,因不堪公婆和丈夫虐待,随宋末败退的宋军来到崖州(今属海南)。海南是我国最早种植棉花的地区之一,棉纺织技术比较先进。黄道婆来到崖州后,开始悉心向当地的黎族姐妹学习棉纺织技术。

黄道婆在崖州生活了30年后,才返回家乡,并用自己在崖州学到的先进技术改造纺织工具。黄道婆先是和木工一起将长于纺葛、麻、丝的脚踏纺车改成三锭棉纺车,之后再对轧棉车、弹花弓等纺织工具进行改造,不但发明了手摇轧棉车,还用自己高超的技术织出了带有精美图案的乌泥泾棉布,并将这些技术传授给乡亲们,使松江府一度成为全国最大的棉纺织中心。黄道婆去世后,松江人建立了"先棉祠",用来纪念她的功绩,尊她为"先棉"。

---

① 1尺 ≈ 0.33米。

明朝"衣冠禽兽"

朱元璋建立明朝后，禁止国人说胡语、穿胡服，还下诏"衣冠悉如唐朝形制"，依照唐宋传统，着手制定服饰制度。

自周朝以来，龙纹就是冕服上最重要的图案。龙对中国人来说就是神力的象征，历代帝王一直自称"真龙天子"。从宋朝起，龙纹成了皇族专用的图腾。朱元璋当上皇帝后，也在自己的黄袍上"画龙"，并禁止非皇族之人使用龙纹，以彰显皇权的威严。

为了强化服饰的品级与界限，朱元璋还为各级官服设计不同的图案。根据《明会典》记载，朱元璋在洪武二十四年（1391年）下令：公爵、侯爵、驸马、伯爵的官服绣麒麟、白泽；文官绣禽，以示文明；武官绣兽，以示威猛。

"衣冠禽兽"一词就源于明朝的官服制度，原先是文武百官的代名词，后来特指人品低劣、如同禽兽之人。

明朝官服又叫补服，可以说是明朝最具特色的衣服。补服的前胸后背

万历皇帝的特制龙袍，上面绣有十二条龙。

文官补服上的图案　　　　　　武官补服上的图案

一品仙鹤　　二品锦鸡　　三品孔雀　　一品狮子　　二品狮子　　三品虎

四品云雁　　五品白鹇　　六品鹭鸶　　四品豹　　　五品熊罴　　六品彪

七品鸂鶒　　八品黄鹂　　九品鹌鹑　　七品彪　　　八品犀牛　　九品海马

处都各补有一块方形的补丁。因为这补丁是成衣缝制好了之后才补上去的，所以又叫"补子"。补子上的飞禽走兽并不是"画"上去的，而是绣上去的。制作官服时，绣工先在方形的布料上面绣上不同的图案，然后再将它缝补至官服的胸前和后背处。

明朝绣工一般是女子。绣工是我国的古老工种，舜帝时的绣工就绣出了"五彩绣"。商周时期，我国女子就已经开始在衣服上绣上各种精美的花纹。明朝是我国刺绣极度发达的时期，心灵手巧的绣工大胆尝试了许多新的技术。刺绣最初是以丝线为材料的，明时绣工开始尝试使用头发、草、羽毛、纸、细绒等新材料，于是出现了透绣、发绣、纸绣、贴绒绣、戳纱绣、平金绣等。

剃发易服

清军入关后，为了加强统治，以及让汉族人穿满族服饰，强行推行严厉的"剃发易服"法令，激起了汉族人的极大不满。汉族人民经过不懈的斗争后，终于迫使清朝政府做出某些让步，接受了明朝遗臣金之俊的"十不从"建议。

十不从：男从女不从，生从死不从，阳从阴不从，官从隶不从，老从少不从，儒从而释道不从，娼从而优伶不从，仕宦从而婚姻不从，国号从而官号不从，役税从而语言文字不从。

石青色的衮服

清朝废弃了汉族传统的冠冕制度，只保留十二章衮服。这种衮服后来又被称为马褂，衣身和袖子都比较短，样式以圆领对襟为主，参加典礼时套在朝服或吉服外。皇帝和官员一般穿石青色，皇帝的大小跟班（如御前大臣、侍卫领班等）穿明黄色。

清朝的官服也是袍服，但与汉袍不同，满族袍服两边开衩，袖子特别窄瘦，袖尾缝上一个弧形袖头，形似马蹄，故称"马蹄袖衣"，因非常适合骑射，又称"箭衣"。清朝官服上缀有"补子"，上面的图案跟明朝大致相同，用于区分官员的品级。清朝的官帽叫花翎冠，上面的花翎也用来区别官员品级。

黄马褂

箭衣

满族女子一般穿袍不穿裙子，旗袍是她们日常穿的衣服。满族贵族女子一般穿加缝马蹄袖的旗袍，衣服上绣有精美的花纹。

马甲也是清朝满族女子常穿的衣服。马甲最初作为一种保暖内衣，穿在袍服里，清朝中后期才穿在外面，成为外衣，有大襟、对襟、琵琶襟等样式，一般都缝上纽扣。

马甲　　　　旗袍

布料之战

衣食住行，衣排在第一，可见其重要性。要制作衣服，离不开纺织材料。古代最早的纺织材料是葛、麻、丝，三者中丝为上品。周朝时，周公制礼，规定只有贵族才能穿丝绸，这其实跟齐国纺织业不无关系。

周朝建立后，姜子牙被封到齐地（今属山东省淄博市）。齐地属于贫瘠的盐碱地，不适合种植粮食。为了发展经济，姜子牙只好因地制宜大力发展工商业，其中发展丝绸业是重中之重。经过不懈的努力，齐国丝绸以优良的品质行销天下，各国财物纷纷流向齐国。各国为了减少财物外流，恭恭敬敬地去齐国朝拜和学习。

春秋时，各诸侯国都大力发展纺织业，当时鲁国生产的鲁缟与齐国生产的齐纨销量相当。为了搞垮鲁国经济，齐国宰相管仲要求全国上下放弃穿齐纨衣，改穿鲁缟衣；同时禁止齐国百姓织齐纨，然后又大量进口鲁缟，致使鲁缟价格飙升。

鲁国因此以为织缟有利可图，一时间形成全民放弃种田、大兴织缟业的风潮。一年后，齐国下令禁止进口鲁缟，致使鲁缟大量滞销。更悲惨的是，因为一年不种粮食，鲁国闹起了粮荒，为了解决粮食问题，不得不高价从齐国购买粮食。经此一役，鲁国经济元气大伤，再也没能力跟齐国抗衡了。

三国时，魏、蜀、吴三国经常打仗，其中蜀国最弱。两汉时，蜀地生产的蜀锦就通过丝绸之路出口西域各国。1995年，新疆出土的文物"五星出东方利中国"护膊，用的布料就是蜀锦。

由于蜀锦是畅销的出口产品，所以魏、吴

两国尽管要跟蜀国打仗,但仍要购买蜀锦出口到西域各国。为了富国弱敌,蜀相决定大力发展纺织业,将卖蜀锦获得的钱用来扩充军事力量。一次,蜀国知道魏国要购买一批蜀锦送给鲜卑王子,于是就将一批次品蜀锦卖给魏国,从而使魏国与鲜卑人交恶,不再有精力对付蜀国。

"五星出东方利中国"护膊

为了不再需要从蜀国购买锦缎,魏、吴两国想尽各种办法改变现状。吴王孙权甚至让妻子赵夫人亲自研究织锦工艺,虽然赵夫人织出了云龙虬凤之锦,但因江东纺织人才不足,因而难以大量生产。

直到唐朝中期,江东节度使薛兼训为了发展纺织业,给没成家的士兵一笔钱,命令他们打扮成商人去四川将会纺织的女子娶回江东,结果一年就娶回了几百人。于是,江浙地区的纺织水平得到了提高,并逐渐成为重要的纺织基地。宋明时期,朝廷直接从四川将大量的纺织人才迁移至开封、南京等地,至此才打破了蜀锦的垄断地位。

飞龙在天

　　古代皇帝穿的衣服，主要有冕服和龙袍。冕服是礼服，上衣和下裳是分开的，龙袍是朝服，是上下连裁的袍服。冕服和龙袍上都绣有龙，但冕服上有十二章纹，龙纹只是其中之一。绘有龙纹的冕服，天子和王侯公爵都可以穿，只是天子用升龙，王侯公爵用降龙。

升龙服

降龙服

无龙纹的隋唐龙袍

有龙纹的宋朝绛纱袍

明朝龙袍

清朝龙袍

明朝蟒袍

　　隋唐时，圆领黄色袍服成了天子常服，上面普遍没有龙形图纹，称为"黄袍"。绘有龙纹的龙袍正式成为天子朝服是在宋朝，但不是黄色而是红色，称为"绛纱袍"。绛纱袍是宋朝君臣的朝服，只是皇帝

的绛纱袍以龙纹为主，是名副其实的龙袍。

龙袍一般在胸前、背后、左右肩、前后膝盖、衣襟里各绣一条金龙，共九条，但从正面或背面看又都只能看到五条，与九五之数相吻合。《易·乾》中说"九五，飞龙在天，利见大人"。意为龙飞上天了，表示达到了最高境界。因而帝王又被称为"九五之尊"。

龙袍也不止天子才可以穿，郡王以上都可以穿，只是不能穿黄色龙袍。其他大臣也可以穿龙袍，但必须是皇帝亲赐的，穿时还要"挑去一爪"。明朝时，大臣穿的常服就是经改制后的龙袍，称为蟒袍。

颜色之争

在我国古代，颜色也是分等级的，比如黄色就是至尊色，黄袍只有天子才能穿。但在远古时期，至尊色并非黄色，而是红色。可见至尊色在我国古代并非一成不变的。

远古时期，人们认为红色是太阳的颜色，象征着生机、活力、光明与希望，所以以红色为尊。

夏尚黑　商尚白　周尚红　秦、汉至南北朝尚黑　隋、唐、元、明、清尚黄

五行生克图

黄帝时期，黄帝制定服式制上衣玄下裳黄，玄代表天，黄代表地，故黑为至尊色。夏朝也尊崇黑色。商人奉太昊为先祖，昊代表白日，故商人灭夏后，商朝人尚白。

商周时，阴阳五行学说逐渐成型，于是与金、木、水、火、土相对应的五种颜色白、青、黑、红、黄就被称为"五色"。周朝推翻商朝后，从五行生克原理推出"火克金"，自认为

得"火德",于是以红色为至尊色。秦始皇灭六国后,也依据五行相克中"水克火"的原理,推断秦得"水德",于是以黑色为至尊色。这一情况延续到南北朝。隋唐两朝皆以黄色为至尊色,并对不同品级官服的颜色做了更详细的规定。隋唐时的衣服制一直延续至清朝。

隋唐两朝之所以能将官服分为各种颜色,离不开印染工艺的进步。我国先民很早就利用矿石和植物对纺织物进行染色,并把原色青、赤、黄、白、黑称为"五色",将原色混合后得到的颜色称为"间色"。商周时期,宫廷设"染人",管理染色生产。之后,历代王朝都会设立织染署,专为宫廷纺织和染色。唐朝沿袭隋朝设立了织染署,所用染料大多为用植物提取的天然颜色。比如,黄色,用栀子、姜黄等提取;蓝色,用蓼蓝、马蓝提取;黑色,用冬青叶、乌桕叶提取;红色,用茜草、红花提取;白色,用草木灰加石灰反复浸煮漂白。

唐朝流行用夹缬(xié)印花。夹缬是我国最古老的三大印染技术(绞缬、蜡缬、夹缬)之一,始于秦汉时期,盛行于唐宋。唐朝的夹缬色彩斑斓,深受人们的喜爱,诗人们也留下"成都新夹缬,梁汉碎胭脂""醉缬抛红网,单罗挂绿蒙"的诗句。

"站远点,我讨厌紫色的臭味。"

东周(春秋战国)时期,并非人人尊崇红色。春秋时,齐桓公就喜欢穿昂贵的紫服,齐国百姓纷纷效仿,勒紧裤腰带买紫衣。齐桓公对此深感忧虑,于是他听从管仲的建议,假装讨厌紫色,不久齐国百姓又跟风不穿紫服了。

冠冕堂皇

我国很早就有戴冠的习俗。最初,冠是一种类似羊角或牛角的装饰物。黄帝时期,黄帝命令大臣胡曹与荀始分别制作冕和冠,自此冠成了身份地位的象征。

夏朝时,天子的礼冠叫"收",商朝时称"冔(xǔ)"。周朝时,周公制定冠服制,将天子礼冠统称为"冕冠",简称"冕"。冕冠的冕板两端挂着成串的珠玉,具有区别等级的作用。一串珠玉称为一旒,等级越高,冕冠上的旒越多,天子最高十二旒(liú),诸侯次之九旒,上大夫为七旒,下大夫五旒,士三旒。除冕冠外,周朝的礼冠还有爵弁冠、委貌冠等。

在古代,冠既是"昭名分,辨等威"的工具,也是一种"礼仪"工具。冠不仅是一种礼帽,成年男子出门都要戴冠或头巾,不戴冠或头巾是不礼貌的行为,而且只有罪犯才披头散发。古时男子年满二十岁要举行冠礼,也就是成年礼,贵族戴冠,平民戴帻巾。贵族举行冠礼时,穿成年人礼服,依次戴三种不同的冠——缁布冠、皮弁、爵弁。

周朝时,冠主要有帝王、诸侯、卿大夫戴的冕冠、爵弁冠、委貌冠等。秦灭六国后,秦始皇废除了冕服,通天冠取代冕冠成为首服,主要用于祭祀、上朝、宴饮。通天冠原本是楚国冠饰,从秦朝至明朝,一直都是皇帝所戴的最高级别的礼冠。秦始皇还将楚文王时制作的獬豸冠定为法冠。獬豸冠用獬豸角做装饰,一直沿用到明朝,是我国古代法官的身份标志之一。西方法官也戴獬豸冠,不过里面还要戴着白色头套。

九旒冕冠

又称"旒冠",俗称"平天冠",有十二旒是最高级别的礼冠,非常尊贵庄重,由此衍生出了"冠冕堂皇"一词。

爵弁冠

比冕冠次一级的礼帽,颜色为红中透黑。

缁布冠　皮弁　爵弁

汉初,汉高祖刘邦沿用秦朝的服饰制度,没有恢复冕服制。刘邦当亭长时就非常喜欢长冠,当皇帝后也经常戴,长冠因此又

通天冠　委貌冠　獬豸冠

头戴长冠的刘邦

长冠原是贵族祭祀宗庙时戴的礼冠,用竹皮制成,冠的顶部扁而细长。

被称为"刘氏冠"。直至东汉,光武帝刘秀恢复冕服制,这时冠的样式更加丰富多彩。当时人们主要通过冠帽和佩绶来区别官职,如皇帝戴通天冠,文官戴进贤冠(梁冠)、武官戴武冠(鹖冠)等。汉朝的许多冠式大体都被后世沿用下来,但历朝都有各具特色的冠式,如唐朝的翼善冠、明朝的忠靖冠等。清朝"剃发易服"后,中国传统的冠制被废弃。清朝男子只戴帽不戴冠。

头戴进贤冠的官员

进贤冠是文官、儒士戴的一种礼冠,用铁丝和细纱制成,以梁来区别等级,有一梁、二梁、三梁,三梁最贵。

头戴武冠的将领

武冠又称"武弁大冠",形状像簸箕,用漆纱制成。

凤舞九天

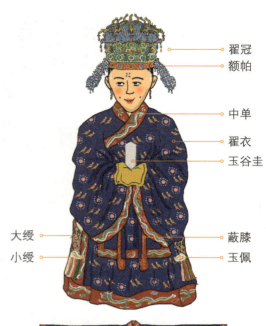

周公制礼作乐时,规定后妃要跟随帝王参加祭祀、册封、朝会等典礼。参加典礼时,后妃跟帝王一样也要穿礼服。帝王的礼服是冕服,有大裘冕、衮冕、鷩(bì)冕、毳(cuì)冕、絺(chī)冕、玄冕六种,又称为"六服"。从周至唐、宋,天子百官都可以穿冕服,直至明朝冕服才成为帝王专属。

皇后的礼服也有六种,分别是袆(huī)衣、揄翟、阙翟、鞠衣、褖(tuàn)衣、袒衣。前三种是皇后、贵妇专用于祭祀的祭服,上面都绘有翟鸟纹,故合称为"三翟";后三种是皇后、

翟衣

中单　　　皂罗额子　　副带、大带　　玉革带　　蔽膝　　玉佩、小绶、大绶　　玉谷圭

皇后穿全套礼服跟皇帝穿冕服一样烦琐,除了戴凤冠穿翟衣、中单外,还要头戴皂罗额子,腰束副带、大带、玉革带,前系蔽膝,后系大绶,两侧悬挂玉佩、小绶、大绶,脚穿袜子和舄,双手还要拿着玉谷圭。

贵妇祭祀和朝会皆可以穿的朝服。早先皇后穿礼服只戴假髻，并插金钿，直到宋朝才戴凤冠。明朝时朱元璋对冠服制度进行修改，定皇后凤冠为九龙四凤冠。

"三翟"中，袆衣是最高级别的礼服，只有皇后能穿，采用上下连属、交领右衽的深衣制，初为黑色，唐宋明为深青色。揄翟品级次于袆衣，皇后、命妇均可以穿，颜色为青色。阙翟品级又次之，颜色为赤红色。

鞠衣是皇后三月主持种桑养蚕之事以及命妇参加朝会时穿的礼服，颜色为黄色。褖衣是皇后、命妇居住时穿的礼服，颜色为黑。袒衣是皇后、命妇见客时穿的礼服，颜色为白。唐朝时，出现了一种命妇礼服，叫钿钗礼衣，据说是由袒衣演变而成，以发髻上的钿钗数目区别品级高低。

大袖衫，又称大衫，是一种用红色纻丝罗制的明朝后妃、命妇穿的礼服，圆领，袖子宽大可垂至地面，穿着要搭配霞帔、褶子等服饰。

清朝废除汉家衣冠，皇帝的礼服改为龙袍，皇后的礼服为朝服，由朝冠、朝袍、朝褂、朝裙、朝珠等组成。朝袍分为冬朝袍和夏朝袍两种，由披领、护肩、袍组成，均用明黄色锦缎制成，上面绣有金龙、祥云、寿字等图案。

鞠衣、袒衣、钿钗礼衣

霞帔、大衫、坠子

霞帔：宋明汉族命妇礼服配饰，形状像彩色的挂带，上面绣有云凤花卉图案，纹饰随品级高低而有区别，下端垂有金或玉石的坠子，因美如彩霞，故名霞帔。

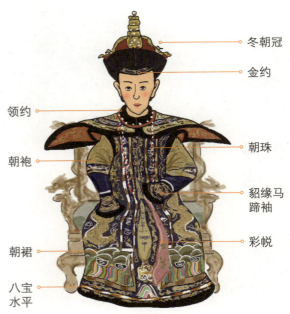

- 冬朝冠
- 金约
- 领约
- 朝袍
- 朝珠
- 貂缘马蹄袖
- 彩帨
- 朝裙
- 八宝水平

儿童服饰

襁褓由被子和带子组成，主要用来包裹一岁以下的婴幼儿。襁褓在我国有悠久的历史，先秦时期人们就有为新生儿包裹襁褓的习俗。

先秦时，儿童一般上穿短衣，下着裙子，短衣以交领为主，到唐朝短衣款式开始多了起来，有直襟、圆领等多种款式。秦朝儿童一般都穿裤子，裤子有长裤、短裤、开裆裤，腰部用带子系住。秦朝还有一种服式叫裲（liǎng）裆，样式跟现在的马甲差不多，前胸与后背各有一块布，冬天可以在中间缝丝绵。裲裆不仅儿童喜欢穿，大人也喜欢穿，从秦朝一直流传至清朝。

唐朝时儿童开始穿肚兜，肚兜具有保温护腹的功能，一般有两种款式，一

裹襁褓的婴儿

种是用方形或圆形的布横裹在婴儿的腰腹部，没有系肩的带子；另一种肚兜为方形或半圆形，上端有带子系脖颈，中间两侧有带子系腰。唐朝时四岁以下的儿童一般很少穿外衣，有的甚至不穿衣服。四岁后，儿童开始穿半臂小袴或背带裤。

宋朝时儿童冬季开始戴帽子，款式有风帽、罗汉帽等。儿童风帽上多绘有虎、狮、猫等动物图案。儿童风帽中，虎头帽是最受欢迎的，与后来的虎头鞋、虎围嘴、虎纹肚兜成为古代儿童最常见的冬季服饰。围嘴是系在儿童颈部的围帕，用来防止儿童的唾液滴下来弄脏衣服，一般为圆形或方形。儿童服饰上的花纹是有寓意的，如老虎代表祛除灾祸、鲤鱼代表长命百岁等。

宋明时期，流行给儿童制作"百家衣"。所谓百家衣，就是用母亲向邻里讨来的碎布缝制成的衣裳，有祝佑儿童健康成长的寓意。清朝时汉族儿童的衣服多沿袭明朝，样式与明朝并无多大差别。

纨绔是非

我国中原地区早期采用衣裳制,下身只穿裳,不穿裤子。商周时期,贵族开始流行穿裤子。那时的裤子被称为"绔"或"袴",是一种内衣,不能穿在外面。

早期的绔主要有胫衣和开裆裤两种。胫衣,早在大禹时期就已经出现,是一种无腰无裆的裤管,样子有点像现在的高筒袜,上端有系带,可以系在腰间,防止脱落。开裆裤由胫衣发展而来,裤管上及腰部,裆部不缝合。战国时期赵武灵王才推行胡服骑射,将传统的胫衣改为裤裆相连的合裆裤。

纨绔子弟:汉朝以前,人们大都穿用粗糙的麻布制成的裤子,只有少数贵族穿丝绸制成的裤子。汉朝丝绸业发达,许多贵族子弟穿的都是绮襦纨绔等丝织品制成的裤子,于是"纨绔子弟"就成了贵族子弟的代名词,后来被用来代指不学无术、不务正业之人。

大口褶袴

小口褶袴

穿灯笼裤的清朝女子

合裆裤最初仅供士兵骑射时使用，西汉时流传至民间，平民百姓也开始穿合裆裤了。汉朝时开裆裤称为"袴"，合裆裤称为"裈"。裈款式多样，有长有短，有长过膝盖的，也有不到膝盖的犊鼻裈。犊鼻裈上宽下窄，与现在的三角短裤相似，两边开口有点像牛鼻子。据传，司马相如带卓文君回四川时，曾穿着犊鼻裈在酒坊清洗酒器。

魏晋南北朝时期，是裤装发展的高峰期，出现一种叫"袴褶"的合裆裤。袴褶最初只在军中流行，后来传入民间，成为平民百姓的常服。袴褶原是胡服，上服称褶，下服称袴，主要有大口褶袴和小口褶袴两种款式，南北朝时较为流行。

唐朝时男子大都穿袍服，女子大都穿裙子，裤子作为内衣，沿袭前代的款式。唐初胡服盛行时，裤管紧窄的裤子曾流行一时。宋明时期，女子的裤子不能外露，膝裤和无裆裤又开始流行。膝裤是胫衣的一种，无腰无裆，顶端有带子，可系在胫上。清朝将膝裤称为"套裤"，长度不再局限于膝下，也有可以遮住大腿的。清朝时裤子又开始流行起来，款式丰富多彩，比较有特色的有牛头裈、叉裤、灯笼裤等。

套裤

帽子进化史

帽子在我国到底什么时候出现和流行，没有详细的记载。有人认为帽子来源于西域胡帽，也有人认为帽子是由皮弁演变而来的。三国时期，曹操对皮弁进行了改造，用比较粗厚的缣帛取代了鹿皮，设计出一种被称为"帢（qià）"的帽子。帢的样式与当时的胡帽比较相似，于是人们就称之为"帢帽"。

戴帢帽的男子

一种尖顶、无檐、前面有缝隙的帽子，由曹操操刀设计，流行于魏晋南北朝。

戴风帽的女子

风帽又称"风兜"，用双层厚实布料，中间填充丝绵制成或用毛皮制成，形状像布兜，帽下有裙，戴时兜住耳朵，披至肩上，男女都可以戴。

戴突骑帽的战士

突骑帽，一种绑带的帽子，用厚实的锦布或皮毛制成，有帽裙披至肩上，戴时顶部用布条系住发髻，形状与幅巾相似。

戴帷帽的女子

一种高顶宽檐帽，帽檐有三面或四面纱帘垂下至肩部。

戴珠帽的女子
珠帽又称"蕃帽"，西域女子跳胡腾舞时戴的帽子，用厚实的彩锦织成或用羊皮制成，用珠子缀成精美图案。

戴搭耳帽的女子
搭耳帽又称"爪牙帽子"，用厚实的织锦或羊皮制成，尖顶，两侧有护耳。

戴瓦楞帽的明朝书生
帽顶折叠形状像瓦楞的帽子，原属北方少数民族帽子，明朝时开始在儒生中流行。

戴六合统一帽的男子
六合统一帽是明朝最流行的一种纹线、形状像西瓜的小圆帽，由六瓣大小相等的面料缝制而成。

戴观音兜的明朝女子
观音兜是明清时女子戴的一种风帽，因帽子后檐披至肩上，有点像观音戴的帽子，故名。

　　南北朝时期，帽子开始在中原地区流行。人们开始按季节戴帽子，冬天戴"风帽"，春夏则戴"纱帽"。当时上到帝王下至平民，人人头上戴纱帽，不过王公贵族戴白色，平民百姓戴黑色。

　　唐朝时期经济繁荣，西域胡帽开始在长安流行，唐初皇帝和侍从骑马出行都戴胡帽。胡帽种类繁多，有帷帽、珠帽、搭耳帽等，款式别致美观，而且保暖，成为盛唐女子的至爱。宋朝时胡帽不再盛行，汉魏时期流行的头巾再次兴起。

　　明朝时帽子又开始流行。明初，朱元璋制定服制时，亲自设计并大力推行"六合统一帽"。清朝时，男子日常也戴六合统一帽，不过款式更为多样。明清时期，女子喜欢戴一种被称为"观音兜"的帽子。

头巾升值记

古时候，人们把头上戴的东西称作"头衣""首服"。除了冠之外，头巾也是一种很重要的首服。古时男子年满二十岁行冠礼，但只有贵族能戴冠，庶民只能戴"帻（zé）"。帻，最初只是用来擦汗的布，用来裹头后，被称为"头巾"。

最早的头巾，是战国时秦国男子裹头的黑色巾帕，称为"缁布冠"。当时的头巾以青黑两色为主，戴青巾的男子被称为"苍头"；戴黑巾的男子则被称为"黔首"。从秦朝至西汉，戴头巾的只有普通百姓，所以"苍头""黔首"成了底层百姓的代名词。

西汉末年，权臣王莽因为秃头怕被嘲笑，就用

苍头

黔首

角巾　　　　　　　　　　　纶巾　　葛巾

平头小样巾
初唐时流行的头巾，顶部平扁，没有明显的分辨。

硬脚幞头、软脚幞头
硬脚幞头，唐时皇帝专用，巾脚微微向上弯曲，宋时官员也可以戴。软脚幞头，唐宋时供帝王、官员使用，巾脚下垂，行动时迎风飘动。

直角幞头
又叫展角幞头，宋时被用作官帽，两脚平直向外伸长，长达两尺，据说是为了避免大臣上朝时交头接耳设计的。

东坡巾
以乌纱为材料，形为四面体，有里外两层，外层前后左右各折一角。因名士苏东坡喜欢戴而得名。

仙桃巾
宋时道士、隐士常戴的头巾，用纱罗制成，从后面看像一个桃子。

网巾
明朝成年男子束发用的头巾，用黑色丝绳、马尾、棕丝或绢丝制成，形似渔网，用布做边，上面缀有金属小圈，内穿带子，束发时将带子束紧即可。

方巾
又称"四方平定巾"，明朝官员、儒士的便帽，用黑色纱罗制成，可以折叠，展开时四个角都是方形的，意寓天下安定。据说是明初杨维桢发明的。

儒巾
明朝儒士常戴的一种头巾，以麻布为里子，黑纱为表，帽围呈圆形，由四块布制成，顶部四角隆起，呈方形，后面有两条垂带。

飘飘巾
明朝士大夫戴的一种便帽，巾顶尖尖的像屋顶，前后各有一片长方形布披，行动时随风飘动，故称"飘飘巾"。

头巾包头。上行下效，朝廷官员也开始用头巾包头。魏晋时期，扎头巾已成了非常流行的装扮，文人雅士都不喜欢戴冠，只喜欢戴舒适的头巾，连将士们戴头盔前都会先用一块头巾把头包好。

南北朝时，北周武帝宇文邕创制了一种新的头巾叫"幞头"。幞头，就是把方巾的四角接长，两角向额头的方向系，剩下的两角绕到头后边系，并且下垂。幞头很像帽子，但在古代还是称为头巾，在隋唐时期非常流行，款式有平头小样、软脚幞头、硬脚幞头等。宋朝仍用幞头，还发展成了帝王百官的帽子。明朝是裹头巾风气最盛的时代，头巾的种类更多，比较有名的有儒巾、方巾、飘飘巾、网巾、万字巾、平顶巾、六合巾等。

发 髻

笄礼

发笄：一种固定发髻的簪子，最初用骨头或石头制成，男女都可用，男子用来固定冠，女子用来固定髻，有骨笄、玉笄、竹笄、金银笄等多种。

古人认为"身体发肤，受之父母，不敢毁伤"，因此无论男女都不剪头发，都把头发绾成髻。绾发髻就是把头发梳拢到头顶、颅后，再盘绕成髻。远古时期，女子就开始绾发髻，髻有"继"和"系"的意思，女子梳髻象征成年后嫁人生子维系家族血脉。因此古时女子年满十五岁，就要举行笄礼，将头发盘成髻，并插上发笄。

商周时期，女子发髻较简单，都是把头发梳到头顶绾成髻，以单髻和双髻为主。双髻因形状像树杈，又称"丫髻"，多见于未婚女子，一直传至明清时期。

丫髻　　单髻

春秋时期，女子喜欢将周朝时出现的假髻梳成高髻，战国时假髻多梳得高耸并向后倾

蔽髻、金钿　　灵蛇髻、飞天髻　　同心髻、朝天髻、三丫髻　　牡丹髻、流苏髻

斜。秦朝贵族女子也以高髻为主，有芙蓉髻、双环望仙髻、凌云髻等，而民间女子多梳椎髻和锥髻。汉朝女子发髻的梳法比秦朝有所创新，有推至头顶的，也有分在两边的，还有垂至颅后的，如堕马髻、螺髻、倭堕髻等，这些发髻样式一直到唐朝还盛行。

　　魏晋南北朝时，女子发髻样式不仅多样，还富有特色，有灵蛇髻、飞天髻、蔽髻、蝉髻等。蔽髻，是一种插有金钿的假髻，在贵族妇女中非常流行。金钿具有区别等级的作用，命妇用什么样的金钿是有严格规定的。

　　灵蛇髻，据传是魏文帝曹丕的皇后甄宓，根据蛇盘结成的姿势创造出来的，样式别致，富于变化，能创造出多种造型，深受宫中妇女喜爱。南北朝时，受佛教的影响，贵族女子喜欢将头发分成三股，每股都用丝带绑好，盘在头顶成三环高髻，称为"飞天髻"，一直流行至明朝。

　　唐朝女子发髻最为新奇，且名目繁多，除自秦汉以来流传下来的各种发髻外，还有半翻髻、回鹘髻、双环垂髻、盘桓髻、高髻、花髻、峨髻等。宋朝时，女子发髻出现了三丫髻、朝天髻、同心髻等。明朝比较有特色的有牡丹髻、流苏髻等。

◀ 发髻从左到右：回鹘髻、半翻髻、双环垂髻、双环望仙髻、凌云髻、椎髻、堕马髻、峨髻、花髻。

凤冠霞帔

古代女子也戴冠，凤冠和花冠是贵族女子的礼冠，普通女子不戴冠、戴假髻。礼冠中凤冠是最贵重的，冠上饰有凤凰。

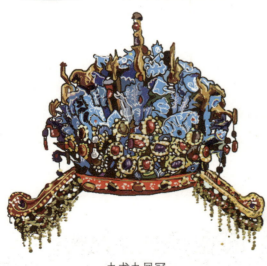

九龙九凤冠

1958年在北京昌平定陵出土的明神宗孝端显皇后的凤冠，用漆竹扎冠形，加丝帛制成。前部饰有九条金龙，下面饰有八只点翠金凤，后部也饰有金凤，共九龙九凤。高48.5厘米，直径23.7厘米，重2320克，共镶嵌宝石100多颗、珍珠5000多颗，造型端庄，制作精美，是皇后接受册封、祭祀、朝会等典礼时戴的礼冠。

早期女子不戴凤冠。周朝至汉朝，贵族妇女参加祭祀等重要活动时，所戴的礼冠是假髻。汉朝后，饰有凤凰图纹的冠开始流行，并逐渐发展成凤冠，最终成了贵族女子的礼冠。宋朝，凤冠被列入服饰制度，正式成为礼冠。这一服饰制度被明朝沿用，直到清朝。宋时，皇后的凤冠有九龙四凤，明朝历代皇后的凤冠上也有龙凤图纹。

自宋朝凤冠被纳入服饰制度后，规定除皇后、妃子、命妇外，其他女子不得私戴，但民间婚嫁时，女子可戴凤冠、穿霞帔。这个礼俗出自一个典故。1126年，金国入侵，宋高宗赵构南下逃亡时，被浙江女子所救。为报答救命之恩，赵构回朝后想娶她为后。但当赵构回到京城后，命人去找当时救他的女子时，那女子已下落不明，再也找不到了。为弥补这一遗憾，赵构下令浙江女子出嫁时都可以跟皇后一样戴凤冠、穿霞帔。

古代凤冠上的蓝色部分在制作时需要用到一种叫"点翠"的工艺。点翠中的"翠"，是指翠鸟的羽毛。点翠时，翠鸟蓝色的羽毛被仔细地镶嵌在金丝制成的底座上。

制作凤冠时，需要用到的传统工艺还有"花丝镶嵌"。花丝镶嵌就是将金、银、铜等熔化成条，拔成细丝后，用掐丝、编织、填丝等技法将细线制成美丽的图案。镶嵌就是用挫、打、挤、镶等技法将金属片做成托和凹槽，再把珍珠、宝石镶上去。

花丝镶嵌工艺流程

1. 绘制图案

2. 高温熔解

3. 铸成金条

4. 拉丝：用锤子、钳子等将金属细条制成花丝

5. 掐丝：将花丝掐成镂空状的纹样

6. 填丝：将制成的花丝图案填进掐制好的纹样上

7. 焊接：将制成的纹样通过焊接拼接在一起

8. 镶嵌：将宝石或珍珠镶嵌在装饰物上

敷粉·画眉·点唇

爱美是人之天性。早在商周时期，我国女子就对面部进行妆饰，隋唐五代时最为盛行。古代主要用水粉、胭脂、石黛等原料妆饰面部。水粉用米粉和铅粉制成；胭脂魏晋以后用"焉支"（红蓝花）的红色汁液和动物膏脂混合制成；石黛用一种黑色颜料制成。

面妆的基本步骤

1. 敷水粉　2. 涂胭脂　3. 画眉毛　4. 贴花钿　5. 点面靥　6. 描斜红　7. 涂口红

敷粉涂脂

时代不同，审美习惯也会有所差异。在我国古代，面妆的种类异彩纷呈，如汉朝以白为美，女子大都用白粉敷面，不涂胭脂，称为"白妆"。魏晋时，女子喜欢在眉尾至鬓边涂朱砂、胭脂等，称为"斜红妆"。白妆和斜红妆在唐朝依然盛行。唐朝除沿袭前朝的白妆和斜红妆外，还有桃花妆、酒晕妆、飞霞妆等。桃花妆是一种先在面部敷粉，再在两颊涂上胭脂的面妆，盛行于隋唐时期，胭脂涂得淡的称为"桃花妆"，涂得浓的称为"酒晕妆"。飞霞妆是一种流行于唐宋时期的面妆，先用水粉敷面，再涂胭脂，最后在胭脂上铺一层水粉，使脸部白里透红。

宋朝时女子受到礼教束缚，唐朝浓艳的妆容不再有市场，人们转而喜欢淡雅的檀晕妆、薄妆。

檀晕妆、薄妆

檀晕妆，是先用铅粉涂脸，再在面颊涂檀粉（以胭脂和铅粉调和），逐渐向四周晕染。薄妆，只在脸上涂一层薄薄的朱粉，透出微红。

画眉

战国时,我国女子开始画眉,刚开始只画长眉,眉妆样式比较简单。唐朝,画眉成为习尚,眉妆样式多样,有柳叶眉、愁眉、桂叶眉、蛾眉、八字眉、分梢眉等。宋明清时期,女子眉形以清秀为美,大都画纤细弯曲的蛾眉。

柳叶眉　愁眉　桂叶眉　蛾眉　各种眉形

贴花钿

花钿是起源于南朝宋的一种额饰,做法是将硬纸或金箔剪成花样,贴在额头上,样式丰富,有玉靥、额黄妆等。额黄妆起源于汉代,流行于六朝,因用黄色颜料画在额上而得名。玉靥,宋朝一种用珠宝制成的花钿。

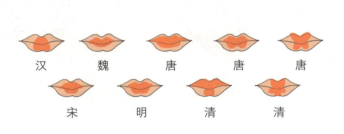

花钿图案　花钿　玉靥

点唇

点唇,就是用唇脂点染嘴唇,以改变唇形的化妆术,起源于先秦时期,一直流行至现代。我国女子点唇样式以娇小浓艳为美,最被推崇的唇形就是"樱桃小口",但历朝的"樱桃小口"都略有不同。

汉　魏　唐　唐　唐
宋　明　清　清

飞霞妆　飞霞妆　斜红妆　白妆　桃花妆　酒晕妆

花样百出的鞋子

我国古代的鞋子五花八门，有草鞋、木屐、舄（xì）、皮鞋、皮靴、丝履等。早在6000多年前，我国古人就会编织草鞋。草鞋多用稻草、蒲草等原料制成，物美价廉，深受人们的喜爱。据传，秦时宫中的女子喜欢用蒲草编的鞋子，她们不仅将蒲草染色，还编织出一些精美的图案。

草鞋

赤舄

舄是古代君王、后妃及王公大臣参加祭祀等重大活动时，必须要穿的重木底鞋，有两层，上层用葛布或皮革做面，下层用木头做底托，主要有赤、白、黑三种颜色，赤色最为尊贵。

木屐跟舄一样也是用木头来做鞋底。木屐在春秋时期深受贵族阶层的欢迎，吴王夫差得到西施后，还专门建了一座响屐廊，让西施穿着木屐在上面跳舞。汉朝，木屐是女子出嫁时必穿的鞋子。南北朝时，著名诗人谢灵运在木屐

穿木屐跳舞的西施　　穿木屐登山的谢灵运

底部装了两个可拆除的木齿,增加了木屐的防滑功能,使之变成"登山鞋"。唐朝,木屐传到日本,深受日本人的喜欢,至今日本人穿和服时,仍喜欢搭配木屐。

皮鞋、高腰皮靴

皮鞋在我国的历史也相当悠久,商朝宰相伊尹就"用革做履",但只是简单地用动物毛皮裹脚,穿时容易脱脚。战国时期,军事家孙膑让鞋匠用比较硬的皮革制作出一种高腰皮靴,至此皮鞋开始有了鞋帮和鞋底,孙膑也因此成了皮鞋的祖师。赵武灵王胡服骑射时,胡靴传入中原,使靴子的制作技术更精良,但仅供将士使用。

隋唐以后,靴子开始流行起来,上到帝王、下至百官都以穿靴为时尚,当时男子喜欢穿"乌皮靴",女子喜欢穿"蛮靴"。宋明沿袭前制,唐时的"乌皮靴"成了与官服搭配的官靴,称为"乌靴",并沿用至清代。

丝履是古人日常生活中穿的鞋子,样式丰富多彩,有岐头、凤头、方头、圆头等。丝履大都用葛麻布做鞋面,而丝绸因价格昂贵很少被用来做鞋面。宋时女子为了缠足,睡觉时穿的鞋,叫"睡鞋"。明清女子的鞋子多用彩缎制成,并绣有各种图案,称为"绣鞋"。清朝时,满族女子喜欢穿一种叫作花盆底的高跟鞋。

凤头履　　云头履　　翘头履　　睡鞋　　高跟绣鞋　　花盆底鞋

束带穿袜

我国早期的衣服没有扣子，只在衣襟处缝上两根小带，用来系衣服，为了不使衣服散开，又在腰部系一条腰带。古时腰带主要有两种：一种是用皮革制成的皮带，古称"鞶（pán）革"或"鞶带"；另一种是用丝帛制成的布带，古称"大带"或"丝绦"。秦汉以前，将皮腰带和布腰带统称为大带，皮带主要用于男子，女子一般系布带。布带后来又被称为绅带，男女都可以系，绅指布带系好后，两端垂下的部分。

在远古时期，我国就开始使用皮带了。那时皮带分两种，一种是熟皮制成的韦带，一种是生皮制成的革带。西周初期，皮带需用两端的绦带系牢，很不实用。因此，贵族穿祭服、朝服时，要先系皮带用来挂玉佩、玉环等饰物，革带外面还要缠上大布带，用来遮蔽不好看的革带，前面还系蔽膝。

西周末期，带钩取代了绦带，皮带的实用性增强，皮带上配带钩成了春秋时期的风尚。据传，带钩还对齐桓公有救命之恩。公元前685年，公子小白（齐桓公）从莒国回齐国准备接任国君，途中被公子纠派来的杀手一箭射中带钩。齐桓公中箭后忙咬破舌头口喷鲜血装死，终于争取到回国的先机，成功接任国君。

大带

有没有搞错！这都死不了！

准

蹀躞带

赵武灵王胡服骑射后，胡人蹀躞（dié xiè）带开始进入中原，供将士们使用。蹀躞带上也有带钩，有铜质的，也有玉质的。蹀躞带上面还有多个小挂环，用来系佩、刀、剑以及各种小饰品。从魏晋南北朝开始，蹀躞带上挂环数量成为等级的标志，天子的蹀躞带规定为十三环。唐朝时，蹀躞带演变成鞓（tīng）带，只缀方型带銙（kuǎ）的玉带，规定为官服专用。玉带也成为区别官员等级的标志，文武官三品以上金玉带十三銙，四品金带十一銙，五品金带十銙，六七品银带九銙。宋明时期，官服使用的皮带沿袭唐制。

明初，朱元璋制定服制时，为了显示佩带者气度，官服上的玉带是作为装饰物挂着的，是束而不系的，真正用来系腰的是用丝或布制成的布带。明朝玉带用细绳系在腋下，可以端得很高，也可以放得很低，官员佩带玉带时常常把手放在玉带上。据传，明朝洪武年间（公元1368—1398年），大臣可以根据玉带的位置揣测朱元璋的心情。朱元璋将玉带端到胸部，说明他心情很好，反之，当他腰带低至腹下时，说明他要大发雷霆了。

玉带

在古代，袜子被称为"足衣"或"足袋"。最初，袜子是用兽皮制成的，自从有了布料后，人们开始用各种布料来做袜子。布袜最早出现在商朝，是布制的三角袜，三国以后演变成用丝线纺织的脚形袜，样子跟现在的袜子差不多。古时，袜子主要有罗袜、锦袜、棉袜、翘头弓袜等。

罗袜　锦袜　棉袜　翘头弓袜

古代雨具

古时候，人们出远门时，都会带上雨具。古代的雨具虽然没有现代的精良，但种类跟现代差不多，也有雨伞、雨衣、雨鞋等。

远古时期，下雨时人们会用像荷叶那样大的叶子来挡雨，所以荷叶又被喻为雨盖。

雨盖可以说是我国最早的雨伞。早期的雨盖用木头和茅草为材料制成，后来发展成为用竹子和油布制成的油纸伞。

我国古代最早的雨衣叫"袯襫（bó shì）"，用稻草或秸秆制成，防雨效果不理想，最早出现在春秋时期。后来人们开始用莎草和棕榈树皮编织雨衣，用莎草制作的称为"莎衣"，用棕榈树皮制成的称为"棕衣"，统称"蓑衣"，具有良好的泄水防水功能。

油衣是古代比较高级的雨衣，春秋时期就已经出现，是由齐国贵族陈成子发明的。油衣用桐油处理过的绢绸制成，最初流行于贵族阶层，汉时传入民间，宋时皇家设有专门制作油衣的作坊"油衣作"，富家子弟雨天出行都爱穿油衣。

古代雨衣是没有帽子的，所以下雨时要戴斗笠。斗笠主要用竹篾、竹叶、棕丝等材料

雨盖：用木头做伞架，顶端覆盖茅草做伞面，春秋时期就已经出现，下雨时用来挡雨，因为比较笨重，打仗时还可以用作盾牌。

油纸伞：古代家家必备的雨具，由雨盖发展而来，用竹子或木头做伞架，用桐油处理过的纸张做伞面。

棕皮蓑衣

棕榈树

莎草蓑衣

莎草

棕榈树，生长在长江以南地区，棕皮纤维可以用来制作蓑衣、地毯、绳子、刷子等，叶子是制作扇子和草帽的原材料。

莎草又称为苔草，多年生草本植物，茎为实心、呈三棱形，叶片为线形，表面宽而光滑，防水性强，可用来制作蓑衣。

编织而成，雨天可以防雨，晴天可以遮阳，是古代家庭必备的雨具。

宋朝之前，下雨时人们一般穿草鞋或木屐。宋朝出现了一种用木头做底、用桐油涂过的细绢做鞋面的防雨鞋，称为"油靴"。油靴分为有筒和无筒两种，鞋底钉钉子防滑，具有防滑、防雨的功能，为男子专用。明清时，女子雨雪天穿一种叫"油壳篓"的油鞋。油壳篓分为夹壳篓和棉壳篓两种，皆为黑色，鞋底较厚，鞋面用多层布缝制而成，并反复涂刷桐油，既防水又不易变形。

穿油衣的男子

穿蓑衣、戴斗笠的渔翁

竹制斗笠

女油鞋、男油鞋

57

古代士兵防护服

甲胄是古代将士打仗时穿的防护服，类似于现在的防弹衣，可以保护将士的身体不受敌军兵器的伤害。甲是指穿在身上的铠甲，胄是指戴在头上的头盔。

甲胄历史悠久，商周之前将士穿的甲胄是由犀牛皮或水牛皮制成的甲衣。商朝时出现了用青铜制成的头盔。西周是青铜器发展的鼎盛时期，将士开始穿用青铜制成的甲胄，但因价格昂贵，直到春秋时期，将士身上穿的还是以皮甲居多。

战国中期，开始出现了铁甲胄。铁甲胄是用鱼鳞状或柳叶状的铁片连缀成兽面形状的胸甲，以及与胸甲配套的铁头盔组成。早期的甲胄只能护住胸部和头部，而铁甲胄由甲身、甲袖、甲裙组成，不但能护住头胸，还可以护住胳膊和腿。

皮甲

皮甲、西周青铜甲

铁甲胄

秦朝骑兵、步兵、将军

明光甲

绢布甲

秦国与六国作战时，秦军中一些将士只穿甲衣而不穿胄，被称为"科头军"。出土的秦始皇陵兵马俑将士均为不戴头盔的科头军形象，他们身上的铠甲是石质铠甲，由一片一片石质甲片编缀而成，款式多种多样。汉朝时，铁甲胄成了军中主要装备，被称为"玄甲"。

南北朝时，从西域引进了明光甲，胸甲前后装有两块又大又亮的圆形铁片，可以反射阳光，使敌人眩晕。唐代，将士上战场时也喜欢穿明光甲。除了铁甲和皮甲外，唐朝还有绢布甲，用绢布制成，外形美观，但没有防御功能，只用作将士常服和仪仗服。宋朝出现了一种非常特殊的铠甲——纸甲，据传是用一种特殊的蚕茧纸制成，既轻便美观又有防护功能，价格相当昂贵。

纸甲

明朝时，军中将士大都穿用圆形铁钉连缀棉花而制成的棉甲，因颜色为红，又称"红胖袄"，轻便舒适，保暖和防火功能强。清朝甲胄沿袭明朝棉甲，发展成八旗铠甲，前胸后背各佩一块护心镜。清朝后期政治腐败，加上火枪大量使用，甲胄已无多大用处，渐渐退出了历史舞台。

明朝红棉甲

古代除皮甲和铁甲外，还有藤甲。藤甲是古代南方一种用桐油涂过的藤编织而成的铠甲，据传是上古战神蚩尤发明的。三国时期，诸葛亮征伐孟获时就遇到了身穿藤甲、手执藤牌的藤甲兵，后来诸葛亮用火攻才战胜藤甲兵。

清朝八旗铠甲

汉朝铁甲兵对阵藤甲兵

缫丝织锦

丝绸自古以来都是非常高档的衣料，只有达官贵人才能消费得起。那么最先创造丝织品的是谁呢？古籍记载，3000多年前，有次嫘祖喝茶时，有个蚕茧掉进了她的茶碗里。茶很烫，嫘祖取蚕茧时从中勾出了长长的蚕丝。调皮的嫘祖尝试用蚕丝织布，没想到织出来的布轻柔光滑。为了得到更多的蚕丝，嫘祖开始尝试种桑养蚕，成功后又将其方法传授给人们。

根据考古发现，其实我国早在6000多年前就已经有丝织品了。那时人们已经学会种桑养蚕、缫丝制衣的技术了。1927年，山西夏县出土了距今4000多年的半个蚕茧。1958年，在浙江吴兴出土了距今4750年的丝带、平纹绢片，其中平纹绢片是当今世上保留最完整的早期丝织品。1977年，浙江余姚出土了距今7000年的蚕纹骨盅。

商周时期，我国丝织业已初具规模，丝绸成了贵族的专用衣料。春秋时期，各国为大力发展丝织业，普遍种桑养蚕。为了多养蚕，每年因采桑而引起的纷争从未断绝过。公元前518年，吴国和楚国的两个女子因争夺生于两国边界的桑树，先是发生口角，继而发生灭族惨案，最后竟然引发了两国的战争。

公元前316年，秦国灭蜀后在成都设立了"锦官城"，命锦官在城内管理织锦和刺绣。当时，秦国的商人就把成都生产的蜀锦和其他物品销往印度、缅甸等国，在西南地区开发了一条被称为"蜀身（yuān）毒道"的"南方丝绸之路"。

秦汉时，丝织业得到蓬勃发展，丝

半个蚕茧　　蚕纹骨盅　　平纹绢

这棵桑树是我们楚国的！

不是，是我们吴国的！

绸开始进入平民百姓家。张骞出使西域后,蜀绵又通过"北方丝绸之路"被贩卖到西域各国。但在张骞开辟西北地区的"丝绸之路"前,丝绸已在西方各国流行,著于公元前5世纪的《旧约》,就将丝绸称为"最美丽的织物"。据传,与汉武帝差不多时期的罗马大帝恺撒非常喜欢穿丝绸,罗马贵族竞相效仿,并将中国称为"丝国"。

　　古代,中国出口的丝绸深受世界各国的欢迎。一些国家为了获取养蚕缫丝的技术,可谓煞费苦心。尽管中国数百年来一直严格把守养蚕缫丝的技术,但在公元552年,桑种和蚕种还是被阿拉伯人窃取,并将养蚕业带到西欧各国。但中国并没有失去丝绸的垄断地位,唐宋明时期,中国的丝绸仍通过海上丝绸之路出口到世界各地,成为各国贵族的高贵衣料。

版权专有 侵权必究

图书在版编目（CIP）数据

写给孩子的古人日常生活.穿衣的讲究/大眼蛙童书编绘.－－北京：北京理工大学出版社，2024.10
ISBN 978-7-5763-2390-0

Ⅰ.①写… Ⅱ.①大… Ⅲ.①社会生活—中国—古代—儿童读物②服饰文化—中国—古代—儿童读物 Ⅳ.①D691.93-49②TS941.742.2-49

中国国家版本馆CIP数据核字（2023）第089071号

责任编辑：王梦春		**文案编辑**：杜 枝	
责任校对：刘亚男		**责任印制**：李志强	

出版发行 / 北京理工大学出版社有限责任公司
社　　址 / 北京市丰台区四合庄路6号
邮　　编 / 100070
电　　话 /（010）68944451（大众售后服务热线）
　　　　　（010）68912824（大众售后服务热线）
网　　址 / http://www.bitpress.com.cn

版 印 次 / 2024年10月第1版第1次印刷
印　　刷 / 三河市嘉科万达彩色印刷有限公司
开　　本 / 787mm×1092mm　1/16
印　　张 / 16
字　　数 / 280千字
定　　价 / 198.00元（全四册）

图书出现印装质量问题，请拨打售后服务热线，负责调换

写给孩子的古人日常生活

出行的知识

大眼蛙童书 ◎ 编绘

北京理工大学出版社
BEIJING INSTITUTE OF TECHNOLOGY PRESS

- 30 汉朝车辆动力的变化
- 32 秦汉楼船
- 34 隋朝大运河
- 36 一骑红尘妃子笑
- 38 唐朝「丝绸之路」
- 40 四大名桥
- 42 海上「丝绸之路」
- 44 繁忙的汴河
- 46 扛在肩上的车辆
- 48 郑和下西洋
- 50 著名关隘
- 52 近代车辆动力大变革
- 54 步履维艰的中国铁路
- 56 古人的飞天尝试（一）
- 58 古人的飞天尝试（二）
- 60 古代交通规则

目 录

- 02 最早的路
- 04 最初的船
- 06 车什么时候出现
- 08 商朝的道路与交通
- 10 穿越到周朝去旅行
- 12 春秋秦晋泛舟之役
- 14 早期验船师
- 16 最早的运河
- 18 吴齐海上大战
- 20 古栈道
- 22 秦朝灭六国的秘密武器
- 24 东周时，人们这样过河
- 26 跟秦始皇巡游天下
- 28 开通『丝绸之路』

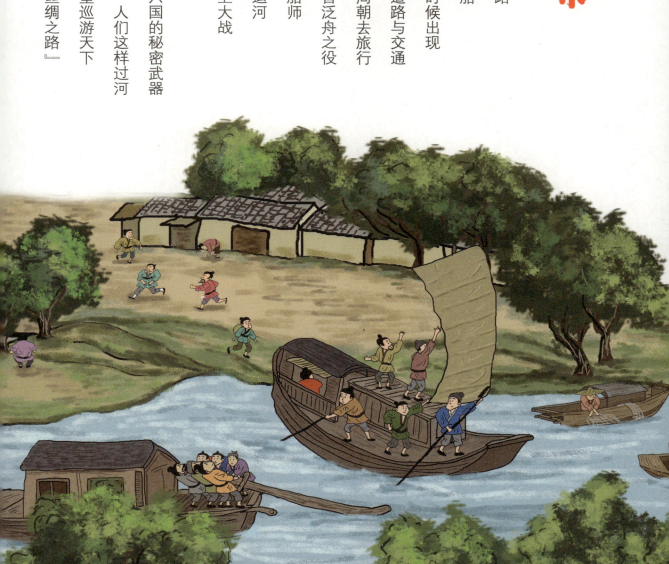

最早的路

地球上原本是没有路的。远古时期，自然环境恶劣，比人还高的杂草荆棘遍地丛生。那时，原始人还没有学会制造可以代步的交通工具，到很远的地方捕捉动物或采集野果时，只能依靠自己的双脚一步步地走到那里。行进的过程中，他们会用

木棍把杂草劈开或搬走挡路的石头，清理出一条通道。

为了避免返回时迷路，聪明的原始人还在杂草丛生的地方用高高的树杈做标记，或在拐弯处用大石头做标记，这样到时候循着这些标记，就可以找到返回的方向了。当原始人遵循标记不断地在同一条路线上行走时，最早的路就形成了。可见，最初的道路就是由人不断地踩踏而形成的小径。

最初原始人打猎或采集归来时，也没有用来运载物品的工具，只能用手提或肩扛的方式将猎物和野果运回来。当捕到特别重大的猎物时，原始人才用木棍将猎物抬回去。可以说，木棍是人类最早、最原始的运输工具。

最初的船

水是生命之源。原始时期为了生存，人类往往选择居住在水源充足的地方。刚开始，人类不会游泳，也不会制造船之类的水上交通工具。因此，他们在汲水、过河、捕鱼或当洪水暴发时，都会有溺水的危险。

在长期与水打交道的过程中，人类渐渐发现落入水中的树叶和树干可以漂浮在水面上。于是，他们从中得到了启发，尝试抱着树干等漂浮物过河。过了许多年后，一些手脚麻利、头脑聪明的原始人试着将几根树干捆绑在一起后推入河中，然后爬上去顺流而下。于是，人类最古老的水上交通工具——木筏出现了。

木筏出现不久，人们就发现用圆形的树干做成的木筏容易翻滚，站在上面的人很容易摔倒。而且，捆绑木筏的绳子容易松动，说不准什么时候绳子就会脱落，让整个木筏散架。

于是，人们就用石斧、石锛等工具将圆圆的树干削平。

又过了许多年，聪明的先民发现

加工木材用火烧比用石器更方便，于是就在树干不需要烧的地方涂上湿泥巴，然后用火将需要挖去的部分烧成炭。当人们用石斧挖掉树干被烧成炭的部分时，最原始的独木舟就制成了。有了独木舟，人们就可以去更远的地方寻找食物，再也不用怕独木舟会像木筏那样中途散架了。

我国古籍中有很多关于独木舟起源的记载。《周易·系辞下》记载，伏羲氏"刳（kū）木为舟，剡（yǎn）木为楫"。其他古籍又有番禺作舟、化狐作舟、伯益作舟、大禹造舟等记载。所以说，独木舟并不是一人一时所发明。

考古发现，我国先民早在8000多年前就已会制作独木舟。20世纪90年代，浙江萧山跨湖桥出土了距今8000多年的独木舟，浙江余姚河姆渡、福建连江、广东化州都出土过独木舟或船桨。可见，中国的造船技术领先了西方3000多年。

可怕的洪水

没有水上交通工具之前，当洪水袭来，如果被洪水冲走，随时有溺水的危险。

凶猛的鱼类

人类虽然学会利用浮木来过河，但人在水里时常会受到各种危险动物的袭击，比如毒蛇、巨蟒、食人鱼。

容易散架的木筏

虽然人们学会了制作木筏，但木筏不能绑得很牢固，划久了容易散架。

车什么时候出现

远古时期，人类最初只能靠双手提、木棍扛、后背背的方式将猎物运回家。捕捉猎物的武器变得越来越锋利之后，捕捉到的猎物也越来越多，原本需要十几个人才能捕捉的猎物，现在只需要几个人就可以了。人手不够，怎么才能将又大又多的货物运回家，成了一件非常棘手的事情。

许多年之后，有个聪明人想出了一个好办法。他用藤蔓将一根树干的两根树枝绕满，然后将猎物放在上面捆好，最后用双手抓住树干拖着走。后来，人们学会了在木头上打孔和开槽，于是就在Y形的树杆上打孔，并在上面安装木板和木桩。原始人类重要的运输工具——拖橇就这样产生了。

拖橇是没有轮子的拖车，使用起来非常费力。不知又过了多少年，远古人类发现圆形物体可以滚动，于是在拖橇的木板底下捆绑几根圆形的木头，用来代替树干。这种改良后的拖橇被称为"辁"，使用时比拖橇省力多了。据传，"车"就是从"辁"发展演变而来的。因为，当圆形的木头变成了车轮时，"辁"也就成了"车"了。

我国是最早使用车的国家之一。大约4600年前，我国就发明了车。根据古籍记载，华夏始祖黄帝看到了蓬草随风转动，发明了车轮。不久之后，黄帝以"横木为轩，直木为辕"制造出了车，

拖橇　　　　　　　　　　驯服牛马

远古时期，人类用开杈的树干做成拖橇，用来运载物品。

早在新石器时代，我国先民就开始驯养牛和马，并让它们驮运重物。

奚仲

传说中，夏朝的奚仲是发明马车的人。

战车

夏朝时，马车开始成为军队中的战车。

王亥服牛

夏朝时，商人王亥通过驯服牛来拉车，将物品运到外地交易。

竹辇

一种用竹子制成的简陋轿子，有座位但没有轿厢，主要在山路上使用。

再后来他又将车套在马身上，于是马车出现了。

除了黄帝外，传说中发明车的人还有奚仲和乘杜。古籍记载，夏朝时奚仲发明了马车，于是被夏王禹封为掌管车马的车正。差不多同一时期，乘杜也发明了马车。夏朝时，马车已被运用到战争中。古籍记载，大禹的儿子，即夏朝的第二代君王，讨伐有扈氏的军队时参战的队伍中就有马车队。

牛车是夏朝商部落人王亥发明的。王亥是商人，经常驾驶牛车拉着货物到处去做买卖。夏朝时还出现了靠人力扛着移动、用来载人或物的"辇"。《史记》讲述大禹治水时，提到大禹"山行乘辇"的事。

辁（quán）

辁是指没有辐条的轮，用圆木做车轮的拖橇，车轮是没有辐条的，所以被称为辁。

商朝的道路与交通

新石器晚期，我国开始出现了供牛马通行的驮运道。华夏始祖黄帝发明马车后，就命令竖亥、太章两人负责监督修改行车道。之后，我国历代统治者都非常重视修路。

夏朝时期，商人先祖王亥"服牛乘马"，揭开了我国以畜力为交通运输动力的历史。之后，许多商人去远方做买卖时，也使用马车和牛车运输货物。商朝建立后，为了方便做买卖的族人将货物运往各个地方售卖，商朝修建了许多通往全国各地的交通要道。

商朝时全国有六条主干道，分别通往徐淮地区、东北地区、山东地区、江汉地区、陕西地区及太行山以西的少数民族部落地区。这六条主干道与无数大小道路相连通，形成了一个由安阳殷都辐射全国各个区域的庞大交通网络。

夯土修路

古籍记载，商朝人已经懂得利用夯土修路，并掺入石灰使道路更结实。

弃灰法

商朝的弃灰法是历史上最严厉的环保法。当时把垃圾乱扔在路上，按照弃灰法的规定是要被砍断手的。

商朝也非常重视道路的养护，制定了弃灰（垃圾）之法，严惩在道路上随便丢垃圾的不文明行为。任何人——就算是王族，只要在道路上随便丢弃垃圾，都会受到严厉的惩罚。

商朝的交通工具主要有马车、牛车、大象和船。由

舢（shān）板

我国最早出现的木板船，原名三板，顾名思义就是用三块木板［一块底板和两块舷（xián）板］组合而成的小船。舢板至今仍在广西壮族自治区一些弯弯曲曲的小河道上使用。

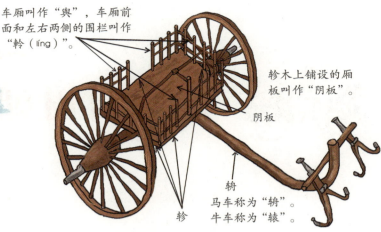

车厢叫作"舆"，车厢前面和左右两侧的围栏叫作"軨（líng）"。

軨木上铺设的厢板叫作"阴板"。

阴板

辀
马车称为"辀"。
牛车称为"辕"。

軨

做底架的四根方木叫作"軫"。

商朝独辀马车

商朝独辀马车由曲形独辀、两个车轮、横长方舆厢、后开门、直衡或曲衡几大部件组成，是主体用木头、部分用铜质配件制成的车子。

于商人主要用牛车拉货物，因此牛车成为商朝最重要的交通运输工具。

除了用来载货、作战外，商朝时马车开始用来载人了。马车是商朝人身份地位的标志之一，只有贵族可以坐马车，平民百姓只能驾车不能乘车。商朝的马车是独辀马车，它的形体结构奠定了中国独辀马车的祖型，对后世马车形体结构的发展有重大的影响。

船也是商朝的主要交通工具。除了独木舟，商朝时已经出现用若干木板加工而成的木板船。

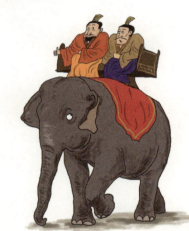

乘象出行的贵族

商朝时大象已经被驯服，有些贵族出行时喜欢乘坐大象。有时，大象还被用来作战。

穿越到周朝去旅行

西周时，道路的规模和管理水平比商朝有了很大的发展。周朝建立不久，在西京丰镐和洛阳之间，修建了一条宽阔平坦的大道——"周道"，同时又以洛阳为中心，向东、北、南三个方向修建了许多呈辐射状的道路，通往各个诸侯国。全国各地的物资都要通过"周道"才能运到镐京。从周朝至清朝，"周道"一直是我国横贯东西的经济大动脉。

周朝非常重视道路的养护与管理，制定了三条规定：一要按一定的时间修理道路；二要在道路两旁植树用来作标记；三要设置司空，管理路政。所以，穿越到周朝旅行不用担心迷路，因为道路两边的大树不仅可以遮阳，还可以标记里程和指路。

在周朝长途旅行，也不用担心吃住的问

周道

周朝建立不久，就在西京丰镐和洛阳之间修建了一条宽阔平坦的大道，被称为"周道"，并以洛阳为中心，东、北、南三个方向又修建了许多呈辐射状的道路，通往各个诸侯国。

题。周朝各道路沿途设有为旅人提供食宿和送信的馆驿机构。周朝的馆驿机构有置和邮两种。邮负责送信，置则分设庐、宿、市，负责食宿。周朝规定每隔10里设庐，提供食物；每隔30里设宿，提供住宿；每隔50里设市，市是买卖交易物品的场所。

关于马车，商朝只有用两匹马拉的骈（pián）马，周朝则有了驾三马的骖（cān）马和驾四马的驷（sì）马。驷马的速度非常快，难怪古人说："一言既出，驷马难追。"

古代，驾驶马车的技术称为"御（驭）"，是孔子教授学生的"六艺"之一。驾马车时，车夫要一直把系在每一匹马上的缰绳一起握在手中，这样用力才能均匀，三马或四马拉同一辆车子一起跑时，才能像跳舞一样协调。

驷马战车

古人乘车的方式非常讲究，一般以左侧为尊。一车三人时，尊者在左，骖乘（陪乘者）居右，御者（车夫）居中。战车则不同，如果是将帅乘坐的战车，主师居中，御者在左，护卫居右；普通士兵乘坐的车，御者居中，左边甲士一人持弓，右边甲士一人持矛，协同配合作战。

商朝邮车

商朝设置了主管邮驿、物流的官员"行夫"，并制定了类似于快递的驲（rì）传制度，也就是说商朝时就已经有了邮局和邮车。

春秋秦晋泛舟之役

商末周初开始出现大型木板船。根据古籍《六韬》记载，武王伐纣时，周公动用了47艘船运载300辆战车和近5万名士兵过河。此外，周朝还出现了用船来搭建浮桥的技术。

公元前770年，周平王迁都洛邑（今洛阳），标志着西周的结束、东周的开始。东周又分为春秋和战国两个时期。春秋战国时期是周朝各诸侯国大混战时期。各诸侯国为了能打胜仗，不断地提高造车、造船的技术。为了能让车马顺利通行，道路也越修越宽，越修越长，有的诸侯国甚至还开凿不少河道。

春秋战国时期，各诸侯国之间不一定都是敌对的，也有能友好相处的，比如结为秦晋之好的秦国和晋国。公元前647年，晋国连年大旱，粮食收成很少。为了让饥饿的百姓平安度过荒年，晋惠公只好向秦国借粮。当时秦国君主秦穆公是晋惠公的姐夫，为人豪爽大方，看到自己的小舅子来借粮，立即就答应了晋国的请求。

秦晋两国虽然相邻，但是当时的马车造价太高，各诸侯国的马车数量都不多。因此，

造舟为梁

《诗经·大雅·大明》记载，武王之母太姒出嫁，武王的父亲文王亲自到渭水边迎亲。渭水没有办法行车，于是文王就在渭水河上将一只只船连接在一起，做成梁架，然后在梁架上铺木板，搭建成浮桥，让太姒的车队上桥过河。

楼车

古代一种用来攻城的战车，形状像云梯，带有轮子，可以推动行驶，上面还建有望楼，可以下瞰敌情。

从秦国走陆路运送几十吨粮食到晋国，绝对不是一件轻轻松松就能办到的事情。思前想后，秦国决定改走水路运粮。将粮食搬上船后，秦国运粮队从都城雍出发，沿着渭河东下进入黄河，再从黄河拐入汾河，然后进入浍（huì）水，最后到达晋国都城。秦国运粮的白帆从秦都到晋都，八百里水路首尾相连，络绎不绝，史称"泛舟之役"。

春秋时期，陆地交通工具除了马车和牛车外，还出现了用于战事的楼车和用来传送信件的传车。传车最早出现在商朝，一般用一匹或两匹马拉，只有遇到紧急情况才用四匹马拉。

早期验船师

古代水上行舟是非常危险的事，那时船很小，遇到稍微大点的风浪，就可能船覆人亡。船质量不合格的话，还没开出去多久就会漏水或散架。

为了保证行船的安全，所有的船只在制造期和出航之前，都要经过严格的检验，检验合格后才能出航。夏朝时，我国就已经设有负责检查造船质量的人员。《墨子·辞过》记载"圣王作为舟车，以便民之事"，证实夏朝的开国君

商朝验船师

大禹治水时，参与了舟车的监造和航行管理工作。由此可推断出，夏朝监管车辆制造的车正与啬夫等执掌车服诸事的官员，应该兼管船的监造和安检工作。

主大禹治水时，就参与了舟车的监造和航行的管理工作。

周朝时期设立了司空一职，主要负责掌管水利、舟车与工程建筑等。司空的下属船官有舟牧、水师和司楫。此外，周朝还制定了严格的舟船安全检查和验收制度。《礼记·月令》写道："命舟牧覆舟，五覆五反，乃告舟备具于天子焉。"可见，舟牧负责船的安检工作，而船的检查和验收制度就是"五覆五反"。

"五覆五反"制度规定，周天子乘船出行前，舟牧要对周天子乘坐的船进行严格的查验，查验的质量范围大致有两项：一要反复五次检查船体的质量，包括船体的坚固度、密封性、受力强度、木材的质量等；二要反复检查船的动力装备，包括船桨、棹、系帆的绳索、系锚碇（dìng）的绳子等。"五覆五反"的制定，最大限度保证了周天子乘船出行的安全性。周穆王在位55年期间，虽多次乘船巡游天下，但从未发生过事故，可见"五覆五反"的重要性。

周昭王溺水

公元前962年，周昭王率领官员、随从和侍卫去江南各诸侯国讨要贡赋。经过徐国时，周昭王误乘徐国用遇水就化的树胶制造的大船。大船行驶在汉江上时，粘连船板的劣质树胶经水浸泡后慢慢溶化，导致大船漏水沉没，周昭王溺水而亡。为了保证行船的安全，周朝制定了"五覆五反"制度。

寒夏之战

公元前2003年，寒国大将寒浇攻打夏朝国都斟鄩（xún）。寒国与夏朝的战船在潍河（今山东潍坊市境内）展开大战。寒浇打败了夏朝的船队，并占领了夏朝国都斟鄩。20年后，夏王姒相的儿子少康才打败寒国，夺回了国都斟鄩。

最早的运河

周朝除独木船和木板船外,还制造了舫船。舫船是由两只以上船体并列连接而构成的船只。最初的舫船只是用绳索将两只船紧紧捆绑在一起,后来演变为将两只以上的船用木板钉在一起,上面建造庐舍的豪华大船。这种大船后来成为专供贵族外出游玩时的方舟。

西周时期,木板船主要是用于运输的商船。春秋时期,大国争霸,战事频繁,专供贵族外出游玩的大船演变成专门用来打仗的战船。为了方便战船转运国内的兵员钱粮,强大的诸侯国都开凿了运河。那时一般称运河为沟或渎(dú)。

申公巫臣

公元前589年,楚王派申公巫臣去齐国访问,巫臣趁机叛出楚国,归附吴国,并指导吴国人驾驶战车,使吴国迅速崛起。

周朝乘船制度

周朝对乘船有严格的规定：天子乘坐由多只船体并列构成的"造舟"，诸侯乘坐由四只船并列构成的"维舟"，高级官员乘坐由两只船并列构成的"方舟"，一般官员乘坐单体"特舟"，普通百姓只能乘坐木筏或竹筏。

公元前486年，吴王夫差为北上伐齐，先调集民夫修建邗（hán）城（今江苏扬州），然后在邗城东北边开凿了一条从南向北沟通长江和淮河的运河——邗沟。邗沟完工后，第二年吴国兵分两路，一路由吴王夫差亲自率领，乘船由内河进入淮河，北上攻打齐国；另一路则由徐承率领，从海路进攻齐国，与齐国在海上展开大战。

此外，魏国开凿的鸿沟，也是历史上著名的人工运河。公元前369—公元前319年，魏惠王为与列国争霸，迁都大梁，并修建以大梁为中心的运河——鸿沟，沟通了黄河、淮河、济水，形成了一个相当完整的水上交通网络，促进了淮河地区经济的发展，使之成为古代中国最发达的地区。

吴齐海上大战

春秋时期,木板船在用途上主要分为货运船和战船两种。货运船就是民用船,一般用于漕运(用水道调运粮食的运输方式)。在"泛舟之役"中,秦国运送粮食到晋国的船就是民用船。战船由民用船发展而来,船上会安装进攻和防御的装置,结构和性能比民用船要精良得多。

春秋时期,南方的楚、吴、越等国,为了能打赢水战,都建立了水军,当时称为舟师(水师)。吴、越两国还设置了造船工场——船宫。当时吴国的舟师最为强大,战船的种类和

余皇

又称王舟,国君或军事首领作战时乘坐的战船,船头一般画有鹢(yì)鸟,是水军舰队的指挥中心。

大翼

大翼是春秋时期大型战船,最大的长12丈,宽1.6丈,战时运兵,可运载90人或50人加上3个月的粮食。中翼是船体比大翼略小的战船,小翼的船体又比中翼小。大翼、中翼、小翼通常全称三翼。

突冒

一种轻便快捷的小型战舰,船头和船身安装有机关,是水战中冲击敌船的冲锋舰。

吴王夫差和越王勾践

公元前494年2月，吴王夫差凭借精良的舟师，在太湖上打败了越王勾践，越王勾践俯首称臣。勾践为了复仇，于公元前473年发动灭吴之战，出动的军舰已经达到300多艘。

钩拒

传说是鲁班为楚国水军发明的一种武器，当敌军败退时，可以钩住敌船，不让它逃跑；当敌军进攻时，可以抵住敌船，不让它靠近。

制造技术也最为精良。吴国舟师的装备有余皇、大翼、中翼、小翼、突冒等战船。吴王夫差就是凭借这些战船先在汉水打败楚国，之后又在太湖打败越国，最终成为战国七雄之一。

战胜越国后，野心勃勃的吴王夫差又想乘胜一举拿下齐国。公元前485年春，齐国内乱，齐鲍氏弑（shì）杀齐悼公，自立为王。夫差听说后，趁机联合鲁、邾（zhū）、郯（tán）三国攻打齐国。吴国大夫徐承乾率领舟师从海上北伐齐国，在黄海遭到齐国舟师的拦截，双方军队展开了一场激战。这次大战是我国有史料记载的第一次海战。

这次海战，装备精良的吴国舟师却被齐国舟师打败了。这是为什么呢？首先，吴国舟师只擅长在内河作战，而齐国舟师是一支真正的海军舰队。其次，吴军远道而来，身心疲惫，且不习惯在海上航行；齐军则以逸待劳，加上他们已经习惯在海上航行，战船也更适合海战。最后，吴军擅长的白刃战（贴身格斗），只适合在温暖的南方水乡作战；齐军士兵穿着铠甲，持盾格斗，更适合在严寒的黄海上作战。

古栈道

春秋时期，秦国和蜀国（今四川）相邻，两国基本处于有时打仗、有时和平共处的局面。战国初期，秦国通过商鞅变法逐渐强大。秦惠王接受了相国公孙衍的建议，决定先兼并巴蜀，再图统一天下的大业。但是，秦国和蜀国之间有秦岭相隔，秦岭高大险峻，山路难走，交通非常不便。

为了能在秦岭的深山峡谷中通行，人们便在河水隔绝的悬崖绝壁上修建可供行人和车辆通行的道路。这种沿悬崖峭壁修建的道路就叫栈道。

铁索栈道

最危险、最原始的栈道，是只在石壁上凿孔，行人借助随身携带的短木，手攀脚蹑而过。

木板栈道

在绝壁上凿洞，插上横梁，上铺木板的栈道。

关于古栈道的修建，还有一个有趣的传说。公元前316年，为了能让秦国大军顺利攻入蜀国，秦惠王以赠送蜀王能拉出金子的石牛为借口，让蜀国开辟可以运送石牛的道路。贪财的蜀王果然中计，开辟了直接通往蜀国国都的车行道，致使秦国大军长驱直入，最终亡国。后来，人们就把这条连接了四川盆地与汉中盆地的道路称为金牛道或南栈道。这个传说是否真实，暂且不说，古代通往蜀国的道路非常险峻，却是毋（wú）庸（yōng）置疑的。

春秋战国时期，在秦岭地带开辟出来的栈道，除了金牛道之外还有褒斜道、子午道和陈仓道。秦末楚汉争霸时，韩信"明修栈道，暗度陈仓"，走的道路就是陈仓道。

烧石

水激

凿孔

插入横梁

铺设木板

古人如何修栈道

古代没有火药，为了修栈道，古人使用火焚水激的方法，先将崖壁上的石头烧热，再用河水浇凉，直至石头裂开。就这样，利用热胀冷缩的原理，古人就可用凿、锤等工具，轻松地凿开坚硬的石头，在崖壁上凿出孔洞，插入横梁作为支撑。在横梁上铺上木板，并在栈道旁安装铁链或木栏后，一条栈道就修好了。

秦朝灭六国的秘密武器

马车出现后,中原地区的将士都是站在马车上作战,很少骑在马背上。但是,西北地区的少数民族(当时被称为胡人)早在黄帝时期之前就已学会了骑射。胡人经常骑马南下抢劫中原地区的财物,让中原地区的老百姓苦不堪言。看到乘着马车赶来的中原军队,胡人立即骑马逃走。中原车队笨重的马车根本追不上轻便灵活的胡人骑兵,只能眼睁睁地看着他们逃走。

公元前305年,赵武灵王推行"胡服骑射"之后,赵国一改总打败仗的局面,不仅打败了西北地区的胡人,还灭了中山国。赵国骑兵虽然厉害,却比不上秦国的骑兵,这是为什么呢?原来,早在西周时期,秦国人就以善于养马、御马而闻名。秦国的开国君主嬴非子,是有名的养马专家,在马匹的调养、训练、繁殖和疾病防治方面有高超的技术。

后来,秦国历代君主不断改进嬴非子的养马技术,在战马的驯养、繁育上比其他诸侯国更加先进。更重要的是,秦国地处西北,周平王迁都洛邑后,秦国经过长期战争,占据了北方胡人的大量地区,并将善于骑射的胡人编入军队中,从而拥有了一支庞大的骑术高超的骑兵。

| 胡服骑射 | 史上最厉害的马夫 | 赵国骑兵和秦国骑兵 |

战国时期，赵武灵王打败西北边境居住在大漠的胡人，让士兵改穿短衣长裤的"胡服"，学习骑马和射箭。

秦国的始祖嬴非子，最初是周孝王的马夫，善于养马。周孝王为了能让嬴非子的家族世世代代为周王室养马，就把秦邑封给了嬴非子。后来，嬴非子的后代在秦邑建立了秦国，成了一方诸侯。嬴非子也因此被称为"史上最厉害的马夫"。

首先，赵国骑兵是模仿胡人作战的士兵，秦国骑兵大多是归顺的游牧民族戎狄部落的勇士。

其次，秦国重视养马业和发展骑兵，全国各地都培养骑兵，赵国只在北部地区培养骑兵。

最后，秦国骑兵装备齐全，不仅拥有便于骑射的甲衣，还配备了马鞍；赵国骑兵没有马鞍，只能裸骑，参战时很容易摔下马。

战国时期，拥有骑兵最多的国家是与西北游牧民族戎狄（róng dí）接壤的秦、赵两国，其次是燕国和魏国。秦、赵长平之战时，赵国45万大军被秦国骑兵围困了5个多月，粮草断绝后，全部被坑杀。赵国经此一役后，元气大伤，再无力与秦国对抗。而秦国却士气大涨，最终完成了统一六国的大业。

秦国之所以能统一天下，固然与其历代君主励精图治、积极变法图强有关，但在现代装甲部队出现之前，骑兵一直是战场上最强悍、最厉害的军事力量。秦国能灭六国，与其拥有强大的骑兵不无关系。

东周时，人们这样过河

周朝时，桥梁的修建技术有了很大的发展。根据文献记载和考古发现，除了远古时期就出现的独木桥和汀步桥外，战国时期的桥梁还有舟梁桥、石梁桥、木梁桥和索桥。

远古时期，人们过河时最早走的是天然桥梁。后来，人们试着将比较平整的石头摆放在水面较浅的河流中，或者将一根又长又大的木头架在悬崖或河流上，这样人类最原始的人工汀步桥和独木桥就建成了。

战国时期的舟梁桥由商朝末期的舟梁桥发展而来。商朝末期，周文王为迎娶太姒，建造了中国最早的浮桥，称为舟梁桥。春秋时期，秦公子针投奔晋国时，为了顺利过河，在蒲州附近的黄河上把浮舟并列在一起修了一座舟梁桥。战国时期，秦国为了攻打晋国，也在蒲州附近的黄河上搭建了一座舟梁桥。这座桥自汉朝以后一直被称为蒲津浮桥。唐朝时，唐玄宗命人修复蒲津浮桥，用铁索替换了绳索，用巨大的铁牛替换了连接两岸绳索的木桩。宋朝时，蒲津浮桥被战火所毁。

战国时期，人们开始用石料修建跨空桥梁（即梁柱式桥），并称之为石梁桥。石梁桥有单跨和多跨两种类型。石梁桥出现的时间要比木梁桥晚，古籍中只有零星记载。不过，1971年考古人员在山东齐国故都临淄发现了遗存的石梁桥桥墩。这证明战国时期，我国已出现石梁桥。

索桥是指用爬藤、竹皮或兽皮等搓成的绳索架设而成的桥，古时称为绳桥。最早的索桥是单索桥。过单索桥时，人们双脚悬空，双手交替握住绳子移动，非

天然桥梁

汀步桥　　　　　　　　　独木桥

蒲津浮桥　　　　　　　　单索桥

单跨木梁桥　　　　　　　多跨木梁桥

石梁桥　　　　　　　　　珠蒲索桥

常危险，一不小心就有性命之忧。为了提高过索桥的安全系数，最晚在战国时期，我国开始出现了能够直接走的多索桥。

　　战国时期，李冰父子在修建都江堰时，在岷山上建造竹索桥，后人称为珠蒲索桥。这座桥长330多米，最宽的地方有61米，一共有8个拱洞，分上下两层。

跟秦始皇巡游天下

俗话说："要想富，先修路。"秦灭六国时，这句话可以改成"要统一，先修路"。秦惠王进攻蜀国时，就先设法开通栈道——金牛道，才能让秦国大军驱赶马车快速翻越秦岭，灭了蜀国。周朝时，各诸侯之间的道路基本互相连接，但各诸侯国的马车大小不一，车道也有宽有窄。这使得本国马车在别国的车道上行走时非常不方便。

秦始皇统一六国后，疆域北至辽东，西到陇右，南至南海，东至山东。国家疆域扩大了，如果没有发达的交通，就会增加中央管辖边远地区的难度。因此，秦始皇完成统一大业后，立即实行了"车同轨"制度，大兴土木修建驰道、直道、五尺道，并开凿灵渠，建成了以京

都咸阳为中心，畅通全国36郡的水陆交通网络。

秦始皇很早就有了巡游天下的想法，统一全国后的第二年，为了考察全国各地的军事和政务，通往全国的驰道还没修好，他就迫不及待地开始了第一次巡游。秦始皇在位12年，先后巡游过五次，可惜第六次巡游开始不久，他就病死于途中。他死后不久，秦朝就灭亡了，他那后世子孙代代称帝的梦想也随之破灭。

五尺道

为了打通云南与四川南部等地的道路，秦始皇下令修筑五尺道。五尺道从今天的宜宾一直修筑到云南昭通，全长近300千米。修成后，秦始皇便派官员前往管理，使这些边陲地区掌控在秦王朝手中。

车同轨

秦灭六国后，秦始皇立即推行"车同轨"政策，规定全国车辆使用同一宽度的轨道，车辆的两个轮子之间的距离一律改为六尺。这种距离相同的车轮，会在泥土路上碾压出宽度一样的硬地车道，车辆在这样的硬车道上跑，会更加快捷平稳。

秦直道

为了抵御匈奴的侵犯，秦始皇修建了方便骑兵行走的秦直道。秦直道由咸阳直达阴山，全长约752千米，宽度在60米左右，可以并行10辆秦朝马车，相当于现代的高速公路。出击匈奴时，秦朝骑兵仅需三天三夜就能从咸阳赶到阴山。秦直道建成之后，一直沿用到明朝，至清朝时才逐渐废弃。

开通"丝绸之路"

早在远古时期,亚欧大陆的居民就贯穿古埃及、两河流域、印度河流域和黄河流域之北的草原之路进行贸易。这条草原之路由许多不连贯的小规模贸易路线衔接而成,可以说是最早的"丝绸之路"的雏形。

汉初,匈奴人占据了北方地区,经常南下侵犯汉朝边境,掠夺百姓财物。汉武帝即位后,得知西迁的大月氏和匈奴是世仇。为了能联合西域各国,一起合击匈奴,汉武帝派张骞出使西域。

张骞第一次出使西域时,被迫在西域地区停留了13年,直到匈奴内乱时,才趁机逃回长安。可以说,张骞第一次出使西域的任务失败了,他没有完成和大月氏结盟的任务。而且那时候,匈奴已占据河西走廊,控制了许多西域小国,这些小国在匈奴的威胁下也不

1. 从长安出发。
2. 在河西走廊被匈奴俘获。
3. 被送到匈奴王庭软禁,被迫娶妻生子,10年后才趁乱逃出。
4. 一行人靠捕食鸟兽,到达大宛国,品尝葡萄酒,获赠汗血宝马。

兽面纹玉梳

1976年，在商朝帝王武丁的妻子妇好墓中，考古人员挖掘出许多产自新疆的用软玉制成的饰品，兽面纹玉梳仅是其中最普通的饰品。这证明早在公元前13世纪，中原地区跟西域地区已经有了商贸往来。

手执旌节的张骞

旌节是古代使者出使别国时，皇帝赐予的象征国家的凭证、信物。旌节往往由使者手持，以此表示自己代表国家行使相关权利，所以又称为"使节"。后来，人们也把外交官称为使节。

汗血宝马

《史记》记载，张骞出使西域时，在大宛国（今费尔干纳盆地）曾获赠一种良马。这种马不但能日行千里，而且奔跑时肩膀附近会流出像血一样的汗液，故称"汗血宝马"。

敢贸然和汉朝结盟。但张骞向汉武帝详细报告了西域的情况，为汉朝了解西域的地理、物产、风俗提供了宝贵资料。

公元前119年，张骞第二次出使西域。此时，匈奴人已被卫青、霍去病的大军打败，逃到了遥远的漠北地区。这次出使西域，张骞率领300多名随员，携带大量的丝绸、牛羊、金银，到达了中亚、西亚的许多国家，与西域各国建立了友好的商贸关系，成功开辟了通往西域各国的"丝绸之路"。

5. 在大宛国的护送下到达康定国，之后又去到了大夏国。

6. 在大夏国的护送下，到达大月氏，见到大月氏女王，但大月氏已不愿与匈奴交战。

7. 回到大夏国，居住一年后动身返回长安。

8. 为避开匈奴，沿塔里木盆地南部前往楼兰，从莎车，途经于阗（今和田）、鄯善（今若羌）。进入羌人地区时，再次被匈奴骑兵所俘，被扣留了一年多。

9. 匈奴发生内乱时，带走妻儿，趁乱逃回长安。

汉朝车辆动力的变化

古代，陆地上交通运输的动力主要是人力和畜力，畜力车以马车和牛车为主。夏商时期，马车属于王公贵族专有，禁止普通人使用，因此牛车成了商人和平民必不可少的运输货物和搭载行人的工具。但这一情况到汉朝开始有了变化。

汉初，国内战火刚刚平息，战争使马匹大量减少。与此同时，汉朝与匈奴的战争仍时不时地爆发，马匹被大量运用到战争中，国家严重缺马。为了保证战争用马，皇帝出行可以配备"钧驷（jūn sì）"，即四匹纯种公马拉的豪华独辀马车，王侯将相出行却只能乘坐

双辕牛车　　　　　　　双辕车　　　　　　　单辕车

辕是车前驾牲畜的直木，单辕车只有一根直木，双辕车有两根直木。单辕车是我国最早出现的马车车型。

指南车

一种由车子和一个小木人构成的指示方向的机械，无论车子驶向哪个方向，小木人的手都指向南方。据传，黄帝和周公都是指南车的发明者，但在汉朝建立之前指南车的制造技术已失传，三国时期卓越的机械发明家马钧又重新制造出了指南车。

记里鼓车

古代用来记录车辆行程的马车。据传发明者为东汉著名科学家张衡，车上安装有一套减齿轮，能够通过拨子（凸轮）带动车上的小木人击鼓，车每行一里路，敲鼓一下，由击鼓的次数就可以数出车辆走了多少里路。

驴车　　　　　　　　　　羊车　　　　　　　　　　鹿车

东周时期，我国已开始使用驴车，秦汉时也用驴车，但使用的人不多，仅是个别现象，《汉书》曾记载汉灵帝亲自驾驶四头白驴拉车子自娱自乐的情景。

古代宫中用羊牵引的小车，传说晋武帝经常乘坐羊车在宫中随意行走。

古代一种用鹿科动物拉的小车，主要用来供人娱乐。在考古发现的汉朝画像资料中就有鹿车的相关资料。

骆驼车　　　　　　　　　独轮车　　　　　　　　　木牛流马

骆驼车是古代少数民族的主要交通工具，最早在汉朝传入我国，在考古发现的汉朝画像资料中就有骆驼车的相关资料。

独轮车最早出现于汉朝，是古代普通百姓使用的只有一只车轮、只需一个人推的人力车。据传，三国时，诸葛亮发明的用来运输粮食的木牛流马也是独轮车。

牛车或一马双辕马车。与马相比，牛的性格比较温和，只要驾驭方法得当，牛车的速度也是相当快的。这使得牛车从汉朝开始越来越受欢迎。魏晋南北朝时期，贵族富豪以及王室都流行坐牛车，并以乘坐牛车为时尚。

　　车子种类发展到汉朝也有了一定的变化，单辕车日渐减少，双辕车日渐增加。从汉朝开始，我国进入了单马轻车的时代。为了乘坐舒适，汉朝还出现了用蒲草包裹车轮的软轮车。随着冶铁技术的提高，汉朝开始出现了铁制车厢和铁缘车轮。更重要的是，汉朝的机械制作水平也有了很大提高，出现了指南车和记里鼓车。

　　汉朝，畜力车除了有牛车和马车外，还有驴车、鹿车、羊车、骆驼车等。除了畜力车外，汉朝的人力车也出现了新的变化，汉朝的人力车主要分独轮车和两轮车两种类型。

秦汉楼船

　　秦汉时期是我国造船业发展的第一个高峰。秦灭六国时，秦始皇曾派大将率领用楼船组成的舰队攻打楚国。秦始皇巡游天下时，也曾乘坐楼船到海上航行。

　　汉朝时，楼船是最主要的战舰，以楼船为主力舰队的水师也非常强大。据传，汉朝在一次战役中能出动的水军可达20万人，楼船多达2000艘以上。舰队中配备的各种作战战舰各司其职，有用来冲锋的战船"先登"，有用来冲击敌船的战船"艨艟"，有快如奔马的快船"赤马"，还有上下都用双层板的重武装船"槛"。

　　秦汉在今广州、陕西、四川、安徽、浙江、江西等地都设有造船厂。1975年，考古人员在广州挖掘出一处秦汉造船工厂的遗址。遗址有三个大船台，可同时制造重达五六十吨的木船数艘。汉武帝在长安昆明池建的造船基地，周长达40里，池里的楼船有近百艘，船上已使用纤绳、橹、帆、楫等设备。

楼船

艨艟

中国古代战船，水战的主力船，一般分三层：第一层为庐，第二层为飞庐，最上层为爵室。每层都建有女墙（矮墙）用来抵挡敌方射来的箭矢，女墙上还有用来发射箭矢的孔洞。为防火攻，还用皮革包裹船舱和船板。船楼上往往遍插旗幡，刀枪林立，声势浩大。三国时，吴国已制造出五层的楼船。

古代水战的主力船，船体狭长，机动性强，可用来冲击战船。甲板以上有三层船舱，为防火攻，整个船舱与船板用牛皮包覆，每层船舱四周都开有弩窗矛孔用来攻击敌人。两舷各有桨孔，用来插桨且供橹手划船。三国赤壁之战中，东吴大都督周瑜就在数十艘艨艟战舰上放柴火，并将膏油浇在柴火上，点燃后突入曹军船阵，一举烧毁了曹军舰队。

三国时期，吴国的战舰最大的上下五层，多用上等的硬木制成，非常坚固，可载3000多名士兵。晋朝灭吴国时，最大的战舰船身宽40米，可载2000多人，船上不仅建有瞭望台，还可以跑马。吴国灭亡时，被晋朝收缴的官船就有5000多艘。南朝时，江南地区已建造出1000多吨的大船，船上装有桨轮，被称为"车船"，据传可日行千里。

造船业的发展也促进了航海业的发展。据传，秦始皇为了寻找不死药，曾派徐福率领3000名童男童女下海去寻找蓬莱仙山；汉朝则成功开辟了海上"丝绸之路"。

隋朝大运河

隋朝初期，江南地区经过三国以来几百年的发展，已成为粮食、食盐、纺织品的主要供应地。隋炀帝即位后，立即开始征调大量人力物力营建洛阳，并下令开凿大运河，大量建造龙舟与楼船。

隋炀帝开凿大运河的目的有两个：一是把全国的政治中心和经济中心联系起来，把江南的粮食、纺织品、食盐等物品，通过水路快速运输到都城洛阳；二是让自己能乘着龙舟去巡游仰慕已久的江南。

大业元年（605年）至大业六年（610年），历时6年，隋炀帝强行征用几百万名民工修筑运河，先后开凿通济渠、邗沟、永济渠、江南运河，成功修筑了以洛阳为中心，把从南到北的河流连成人字形的大运河。这条大运河向北能到达涿郡（今北京），向南能到达钱塘江边的余杭（今杭州），全长约1800千米，是世界上最长、最古老的大运河。

大运河开通后，隋炀帝立即乘坐龙舟巡游江都（今

观风行殿

一种用木制成、底部装有轮轴、可以迅速移动的宫殿，被称为可移动的大船。大业三年（607年），观风行殿由隋炀帝的将作大匠宇文恺等人设计建造。观风行殿可以自由组合，折开变为一队平板车，组装在一起则变为一座宫殿，可容纳数百名侍卫。

隋炀帝的龙舟

据传,隋炀帝杨广第一次巡游江都时,船队长达 200 多里,挽舟兵士有 8 万多人,乘坐的龙舟高 45 尺,长 200 丈,上下共 4 层,靠岸时需要 1000 多名纤夫才能拉到岸边。

扬州),一路上穷奢极欲,奢靡至极。隋炀帝开通大运河虽然是政治的需要,但更多是以个人享乐为目的,急功近利,劳民伤财,致使国家元气大伤,天怒人怨。

隋炀帝一生三次巡游江都,最后一次巡游时在江都被叛军所杀,结束了他荒淫残暴的一生。

开凿大运河

公元 605 年,营建东都洛阳,历时 10 个月建成。
公元 605 年,修通济渠,将洛阳西苑和江苏淮安连通起来。
公元 605 年,疏通邗沟。
公元 608 年,开凿永济渠,使得通济渠向北延伸,通过沁水河道,南接黄河,北通涿郡。
公元 610 年,修建江南运河,从京口(今江苏镇江)穿过太湖,直达钱塘江边的余杭。

一骑红尘妃子笑

"一骑红尘妃子笑,无人知是荔枝来。"唐朝天宝年间,唐玄宗为了讨杨贵妃的欢心,下令设立专门运送荔枝的驿站,从四川涪(fú)州(今重庆涪陵)直通长安。当荔枝成熟时,驿使便以加急军情的速度,即日达五六百里的速度,日夜兼程,将千里之外的荔枝送到长安。可见,唐朝驿站是非常发达的。

驿站,是古代为过路驿使、官员、信差、旅客中途更换马匹或提供休息、住宿的地方,最早出现于西周时期。西周的驿站机构有"置"和"邮",都用马车送信,"置"用慢车,"邮"用快车。从《春秋》《左传》等古籍的记载中,可知春秋战国时期的通信方式有三种:一是"传",为车递(乘马车送信);二是"邮",为步递(步行送信);三是"驿",为马递(骑马送信)。汉朝时,因车递费用太大,渐渐就不使用了,只剩步递和马递,所以驿站又被称为"邮驿"。

唐朝时,邮驿分为陆驿、水驿及水陆兼办三种,官邮交通线以京城长安为中心,向四方辐射,直达边境地区。唐朝每30里设置一个驿站,全国共有1639个驿站,各个驿站都设有驿舍,配有驿马、驿驴、驿船和驿田。

古代邮驿

从春秋战国开始，古代将骑马传递信息称为"驿"，步行传递信息称为"邮"。

驿驴

指途中旅舍配备的供旅客往来于驿道上的驴。

水驿

用船来传递信息的驿站，唐朝全国有水驿260所，水陆兼办的驿站有86所。

唐朝之前，虽然设置专门负责馆驿的官员，但不设专门负责人，掌管馆驿的都是身份低贱的人。唐朝开始用高级官员掌管馆驿，同时驿站的业务也比前朝更广泛，既要负责接待往来的官吏和旅客，又要传递军情、奏章、信件文书，还要负责追捕逃犯和运送各种贡品。

烽火戏诸侯

古代除了邮驿外，烽火也是传递边防军事信息的重要手段。西周时，在边境每隔10里就建造一座烽火台，并在台上放置干柴，守台士兵一发现敌情，立即在台上燃起烽火，邻台见后也点火，这样台台相连，传递消息。史载，周幽王为博褒姒一笑，命人点燃烽火台戏弄诸侯而失信于天下，最终导致西周灭亡。

唐朝明确规定邮驿的行程，陆驿快马一日走6驿（180里），再快日行300里，最快日行500里；陆驿步行日行50里；水驿逆水行船时，河行40里，江行50里，其他60里；顺水时一律规定100～150里。据传，天宝十四年（755年）十一月九日，安禄山在范阳起兵叛乱，6日之内唐玄宗就知道了这一消息。当时，唐玄宗在清华宫，与范阳相隔3000里。可见，唐朝信息传递速度达到每天500里。

唐朝"丝绸之路"

唐初实行均田制和租庸调制,减轻了农民的赋税劳役,使农民有田可耕、有时间劳作,促进了农业的发展。唐朝还大力扶持商业发展,使商品经济得到迅速发展,新兴商业城市像雨后春笋般出现,首都长安和陪都洛阳都发展成世界性的大都市。

自汉朝开通"丝绸之路"以来,历代王朝只要条件允许,都会不遗余力地打通西域交通,经营"丝绸之路"。隋炀帝就曾派裴矩驻守张掖,主持与西域各国的政治文化交流和商贸交往事宜。隋朝末年,因战乱中原通往西域的"丝绸之路"被中断了。

李世民即位后立即着手开通"丝绸之路"事宜。唐贞观年间,唐太宗以强大的军事力量击败了东突厥,清除了高昌、焉耆(yān qí)、龟兹(qiū cí)等分裂势力,在西域地区建立了安西都护府,保证了"丝绸之路"的畅通。不久,唐朝又征服了漠北地区,设立燕然都护府统领管辖该地区。

唐朝政府还在回纥(hé)、贝加尔湖东北和唐努乌梁海一带设置府州,由燕然都护府管辖这三个地区。后来,唐朝又在回纥以南开辟了参天可汗道,沿途设置邮驿68所,专为往来的官吏和商人服务。参天可汗道的开通,不仅加强了漠北地区和中原地区的联系,还开辟了西北与北部的通道,将西北和漠北连成了一片。

贞观年间,一些僧人远赴天竺(今印度)求取真经,回到长安后详细记载了从河西走廊经青海、由西藏入尼泊尔的具体路线,侧面证明了唐时"丝绸之路"已经向南面扩张。

唐朝"丝绸之路"

唐朝"丝绸之路"的起点在长安或洛阳,从长安或洛阳至玉门关、阳关为东段,从玉门关、阳关以西至葱岭为中段,从葱岭往西经过中亚、西亚至欧洲为西段。西段又分南、北、中三路。北路:葱岭—大宛—欧洲,中路:葱岭—大秦,南路:葱岭—印度。由于南路山高路险,人烟稀少,所以唐代往来西域的人大都走中路和北路,很少走南路。

唐朝是陆上"丝绸之路"的鼎盛时期,往返于"丝绸之路"上的商旅络绎不绝。东罗马、大食、印度、波斯等国的琉璃、香料、象牙、胡椒等陆续传入中国;中国的丝绸、金银器、漆器、造纸术等也传入西方各国。"安史之乱"爆发后,唐朝驻守西域的大军被调往长安,西北边防空虚,吐蕃、回纥、大食趁机在西域制造混乱,唐朝因此失去了对西域的控制,陆上"丝绸之路"也被迫中断了。

玄奘西行求经

唐太宗时,僧人玄奘为求取真经,在28岁时沿着"丝绸之路"向西行进,穿过荒无人烟的沙漠,翻越大雪山,走了5万里路,历经17年,才到达印度。回国后,他翻译了大量的佛经,并编著了《大唐西域记》,详细记录了西域各国的政治经济、地理文化、风土人情等。我国家喻户晓的《西游记》,就是以玄奘取经为题材创作的文学名著。

四大名桥

　　中国自古就是多河流国家,早在远古时期,先民们为了过河,开始搭建简易的独木桥和用数根圆木排拼而成的木梁桥。秦汉时期是我国桥梁的发展期。黄江流域和长江流域早在战国时期就已普遍建造单跨和多跨的木、石梁桥,西南地区则修建了索桥。汉朝开始出现了拱桥和廊桥。东汉时,梁桥、浮桥、索桥和拱桥这四大基本桥型在我国已基本形成。

　　唐宋时期,古代桥梁的建筑进入辉煌阶段,各种桥梁遍布神州大地,与道路一起编织成四通八达的交通网络。唐宋时期的造桥技术非常高超,不少技术走在世界桥梁建筑技术的前列,建造了许多举世瞩目的桥梁,如隋朝河北的赵州桥、北宋泉州的洛阳桥、南宋潮州的广济桥,以及南宋时金国涿州的卢沟桥等,都在世界桥梁史上享有盛誉,被称为"中国四大古桥"。

赵州桥

世界上现存年代久远、跨度最大、保存最完整的单孔坦弧敞肩石拱桥,建造工艺独特,在世界桥梁史上首创"敞肩拱"结构形式。

安平桥

始建于南宋,明清两朝曾多次重修。1928年1月,曾被毁坏,国民踊跃募捐,重修安平桥。1981年2月,安平桥依原状进行全面翻修开工;之后在1985年再次翻修,2007年底进行抢险加固,2009年7月24日开始投入使用。

| 广济桥 | 卢沟桥上的石狮子 | 洛阳桥 |

广济桥,又称潮州湘子桥,位于广东省潮州市古城东门外,集梁桥、浮桥、拱桥于一体,始建于南宋,是世界上最早能"开"能"关"的桥梁,因而又被称为"启闭式"桥梁,是古代独一无二的桥梁。

卢沟桥,又称芦沟桥,是北京市现存最古老的石造联拱桥,因横跨卢沟河(即永定河)而得名。卢沟桥始建于金大定二十九年(南宋淳熙十六年,1189年),全长266.5米。

洛阳桥,始建于北宋皇祐五年(1053年),历时6年建成,曾用名"万安桥",北起蔡襄路,上跨洛阳江水道。桥梁西至桥南路,全长834米,宽7米,是著名的跨海梁式大石桥,有"海内第一桥"之誉。

  隋朝时期,隋炀帝修筑运河时,也修筑了许多造型精美的石拱桥,其中最著名的当属赵州桥。赵州桥,又叫安济桥,是建造在赵县城南洨河之上的石拱桥,至今已有1400多年的历史,是中国现存最古老的大跨径石拱桥,由隋朝著名匠师李春设计建造。

  宋朝的造桥技术比之隋唐更加先进,桥梁的种类也更加多样,知名的桥梁除洛阳桥、广济桥、卢沟桥之外,还有福建晋江的安平桥。安平桥又称五里桥,位于福建省泉州市境内,始建于南宋绍兴八年(1138年),全长2070米,是世界上中古时代最长的梁式石桥,也是中国现存最长的海港大石桥,享有"天下无桥长此桥"之誉。

海上"丝绸之路"

我国古代对外贸易路线，除了陆上的"丝绸之路"，还有海上"丝绸之路"。我国海上"丝绸之路"萌芽于商周，发展于春秋战国，形成于秦汉，至唐宋才真正繁荣起来。

唐朝东南沿海成功开辟了以广州为起点，通往东南亚、印度洋北部诸国、红海沿岸、东北非和波斯湾诸国的海上航路——广州通海夷道。全长1.4万千米，是当时世界上最长的远洋航线，途经100多个国家和地区。

宋朝海上贸易比唐朝更加兴盛。宋朝为了更好地发展海外贸易，先后在广州、杭州、明州（今宁波）、泉州、密州（今属青岛胶州）设立市舶司，主管海上对外贸易。宋朝航海、造船技术已达到了新的水平。广州是宋朝三大造船中心之一（另外两个是明州和泉州），拥有许多先进的造船技术，可造出当时世界上装载量最大的船只。船上还配置当时世界上最先进的航海设备。我国四大发明之一——指南针，就是在宋朝开始应用于航海。宋朝舟师已经掌握了许多在海上确定海船位置的方法，海上浓雾密布、能见度非常低时，舟师也可以用指南针来导航。

宋朝先进的航海、造船技术

水密隔舱

缕悬法指南针

水浮法指南针　　指南鱼

水密隔舱，又称为水密舱室或防水舱，位于船体内，是用隔舱板将船身内部分成多个密封的独立舱室，舱室与舱室之间互不相通，最早出现于唐朝。

缕悬法：中国古代安置磁针的装置方法之一，在磁针中部涂一些蜡，将其粘在一根蚕丝上，然后悬挂在没有风的地方，当磁针静止时，两端就会指向南北方向。

水浮法：中国古代安置磁针的装置方法之一，用磁针将几根灯芯草穿起来，然后放置在水面上，当磁针在水面上静止时，就可指示南北方向了。

古代一种磁性指南工具，用薄铁剪成鱼形，鱼腹部微下凹，磁化后浮在水面，就能指示南北方向。

　　宋朝繁荣起来的海上贸易，将中国的丝绸、瓷器、茶叶等商品运往世界各地，但支撑海上"丝绸之路"的大宗商品由原来的丝绸变成瓷器，因此海上"丝绸之路"在宋朝被称为海上"瓷器之路"。宋朝出口的瓷器以龙泉青瓷为主，非常受外国人的欢迎，尽管出口量大得惊人，但还是满足不了国外市场的需求，导致中国瓷器一运到国外就身份倍增，价格比黄金还要昂贵，成为外国人身份与地位的象征。

繁忙的汴河

　　宋朝是我国历史上一个经济空前繁荣的朝代，工商业发达，城市数量激增，城市人口膨胀。首都汴京（北宋）、临安（南宋）人口均超百万人，街道两旁商铺林立，客商如云，是当时世界上最繁华的大都市。

　　宋朝都城汴京的繁荣，离不开交通的发达。宋太祖赵匡胤称帝后大规模疏通和改造汴河，还大力治理和扩建蔡河、五丈河和金水河，使这三条河流与汴河在汴京交汇。这四条河流就是宋朝著名的"汴京四渠"。

　　汴河是汴京的一条内河，连通黄河和长江，其前身是隋炀帝下令开凿的通济渠。五代

十国时期，汴河漕运逐渐衰落，经过宋太祖大力整治后，成为宋都汴京的交通大动脉，是朝廷和百万军民的生命线。

在北宋，汴河最主要的功能是漕运和货运。根据史料记载，每天从外地运往汴京的粮食高达600万～800万石（一石约为50千克）。在汴河上，单单宋朝朝廷发运司常备的漕船就达6000艘，加上汴河上往来的公私客运与货运船只，应该突破1万艘。

北宋著名宫廷画师张择端在《清明上河图》中真实描绘和再现了汴河上的繁忙景象。从《清明上河图》上，可以看到汴河中船只往来，首尾相接，有的满载货物逆流而上，有的靠岸停泊，有的正紧张地卸货。横跨汴河两岸的是造型优美的虹桥，有一只大船正待过桥，船里船外都是在为此船过桥而忙碌着的人……

扛在肩上的车辆

轿子是古代一种特殊的交通工具，被人们看作没有车轮、靠人力扛载而行的车辆，因而被称为"肩舆"或"平肩舆"。古代轿子就结构来说，实际上是安装在两根木杠上的、可移动的床或座椅，又分为有篷的和无篷的两种。可见，古代的轿子是由车子演化而来的。

我国是世界上最早使用轿子的国家。早在4000多年前，夏朝的开国君主大禹治水时，就曾坐过辇（轿子）。但那时的轿子被视为行驶在山路上的车，所以在秦汉以前，人们出行时主要乘坐马车，很少乘坐轿子。

直到汉初，轿子还是主要在山路上使用。汉武帝之后，王室出行时开始使用轿子。晋朝顾恺之所画的《女史箴图》就描绘了汉成帝和班婕妤一同乘坐一架肩舆的情景。但秦汉两晋时期，乘坐轿子的人也仅限于

步辇　　　　　　　　　　　　　　　辇车

辇车是汉朝皇宫中用的一种双轮人力车。魏晋时期，辇车演变为由人抬的步辇，并成为皇帝的专属人力车。

肩舆

肩舆只是山行的工具，后来成为平地上的代步工具。初期的肩舆为二长竿，中间的椅子用来坐人，上面没篷，很像现代的"滑竿"；椅子上设有篷后，慢慢地就演变成了轿子。

王室。哪怕到相对开明的唐朝，轿子在皇宫内依然是专属于帝王、后妃的代步工具，其他人没资格享用，就算是宰相也只能骑马。唐朝画家阎立本的《步辇图》，画的就是唐太宗乘坐步辇的情景。但图中的步辇仅抬到腰部，并没有扛至肩上，所以这个"肩舆"又被称为"腰舆"。

宋朝，臣民不准乘坐轿子的规矩终于被打破了。轿子成为上至皇室贵族、朝廷官吏，下至平民商贾的主要代步工具。可以说，宋朝最为普及的交通工具就是轿子。《清明上河图》中，在繁华的汴京街道上，能够频繁看到轿子的影子。

宋朝的轿子在形制上与汉唐时期相差不大，也是由两人抬扛，但材料以硬木为主，上面雕刻有精美的纹案，有篷，造型精美，基本跟现代看到的轿子一样。

郑和下西洋

明朝时期,我国古代造船业进入了最高峰期。根据史料记载,明朝的造船工厂分布之广、规模之大、设备之齐全、制作技术之精湛高超、船型之齐全,前所未有。

明朝的造船厂遍布全国,江苏龙江船厂、淮南清江船厂和山东北清河船厂,是最著名的三大造船厂。其中以建于江苏南京的龙江船厂规模最大,技术最为高超,造船年产量达200艘以上,尤其擅长制造大型海船。淮南清江船厂则擅长建造漕船,平均每年约制造漕船500艘,最高峰期可达2000艘。

我国古代四大航海船型在明朝也已全部出现并基本定型。所谓四大航海船型,指的就

明朝水罗盘

船舶上的一种测量方向的工具,盘面刻有24个方位,盘中间凹陷处盛水,将磁针放入其中,磁针可浮在水上自由旋转,静止时两端就指向南北。

牵星板

测量星体距水平线高度的仪器,共有大小12块正方形木板,有一条绳贯穿于木板的中心。测量时,一只手持板,手臂向前伸直,另一只手将绳头拉到眼前,眼睛要看方板的上下边缘,让下边缘与水平线同在一个平面上,让上边缘与被测的星体重合,然后根据所用的木板的指数,计算出星辰高度的指数。

中国四大古船

福船

又称福建船、白艚，是福建、浙江沿海一带尖底海船的通称，属于中型帆船，稳定性非常高，适合作战，遇到大风浪和猛烈撞击也不会轻易翻船。

广船

又称广东船、乌艚，主要用铁力木制造，属于中式帆船，大小与福船差不多，非常坚固，如果与福船相撞，会将福船撞碎。

鸟船

浙江沿海一带的海船，船头尖尖的像鸟嘴，所以叫鸟船。由于鸟船船头眼上方有一条绿色眉，所以又称之为"绿眉毛"。

沙船

古代一种遇沙不易搁浅的大型平底帆船，主要用于航海，最早出现于唐朝，宋朝称为"防沙平底船"，郑和下西洋使用的宝船就是大型沙船。沙船所载重量，小的250~400吨，大的高达1200吨。

是沙船、福船、广船和鸟船。这些航海船基本上都配备有起锚、挂帆用的绞车，以及先进的导航罗盘、牵星板和测探器等。正是得益于如此雄厚的造船业和如此先进的航海技术和设备，明代才有了郑和七下西洋的壮举。

明永乐三年（1405年），明成祖朱棣委派"三宝太监"郑和率领2.7万余人和几百艘海船，正式启程，前往浩瀚的大海，宣传大明帝国的国威。郑和率领的海船除了指挥、居住和接待外使的宝船外，还有运货的马船、运粮的粮船、运兵的坐船以及各种战舰。在此后的25年里，郑和共七次远航西太平洋和印度洋，曾到达过爪哇、苏门答腊、古里、暹(xiān)罗、阿丹、天方、左法尔、木骨都束等30多个国家，最远曾达东非、红海。

郑和七下西洋是当时世界上规模最大、时间最久的海上航行，比欧洲国家的航海时间早了几十年，堪称"大航海时代"的先驱。

可惜的是，明朝时期海盗横行，为了国家海防的安全，明朝从洪武到永乐年间曾多次发布禁海令，直到隆庆年间才废除。清朝时实施了闭关锁国政策，施行海禁，使我国航海业由鼎盛逐步走向衰落。

著名关隘

古代交通的主要构成要素是道路、车船、桥梁、馆驿和关隘。如果说道路是交通基础，车船是交通工具，桥梁是交通衔接部分，那么关隘则是交通的重要环节。关隘的大门一关，交通就会断绝。只有关隘的大门打开时，交通才会顺畅。

关隘，一般指险要的关口，在交通要道设立的防务设施，又称关卡。古代设置关隘的目的主要是防止敌军顺着道路长驱直入，同时也是为了征收关税，增加财政收入。古代不仅在交通险要的地方和边境的出入口设置关隘，还屯兵把守。重要的关隘还建有关城、墩台和沟壕等军事设施。

夏朝时期，我国就已出现了关隘。周朝的关隘最早见于《周书》，根据书中记载可知，周朝的每一处关隘都配置有官员治理，并屯兵驻守。古代关隘主要分为内关和边关。内关指的是古代中国境内的关隘，外关则是指边疆地带的关隘。

从周朝开始，我国历代中原政权为了保护边境地区，抵御边境少数民族的骚扰和入侵，在漫长的国境建筑了数不清的边关要塞。其中，最著名的有山海关、潼关、嘉峪关、居庸关、友谊关、雁门关、紫荆关、剑门关、娘子关、虎牢关。这些关隘以地势险要、易守难攻著称，在历朝历代的卫国战役中做出了巨大的贡献，被称为"十大名关"。其中山海关、嘉峪关、雁门关、紫荆关、居庸关和娘子关等六个关隘都属于万里长城。

古代，关隘都建有城楼，大型的关隘还建有关城、墩台和沟壕等，关城有主楼、偏楼，还有中城、外城等。有的还在关隘附近建筑城堡，使之逐渐发展为一个城镇，比如山海关、雁门关、居庸关等。

函谷关

中国历史上建置最早的雄关要塞，是古代西去长安、东达洛阳的重要关口，是兵家必争的战略要塞。据传，春秋末年，道家始祖老子曾在函谷关讲述《道德经》，之后骑青牛西出函谷关，不知所踪。

关城

长城的关城是万里长城防线上最为集中的防御据点，关城均设置在有利于防守的地形之处，以便收到以少胜多的效果，可谓"一夫当关，万夫莫开"。长城沿线的关城有大有小，著名的有山海关、居庸关、紫荆关等。

居庸关

居庸关是京北长城沿线上的著名古关城，相传秦始皇修筑长城时，强行将囚犯、士卒、民夫迁到居庸关居住。

山海关

山海关,又称榆关,曾被认为是明长城东端的起点,始建于明洪武十四年(1381年),因其倚山连海,故名山海关。

雁门关

雁门关是长城上的重要关隘,以"险"著称,有"中华第一关"之称。据传,北宋杨业曾几次出雁门关大破辽兵,使辽兵闻风丧胆,博得"杨无敌"的称号。

紫荆关

紫荆关是长城的关口之一,由小金城、关城、小盘石城、奇峰口城、官座岭城等五座小城组成。汉时为土石夯筑,明时改用石条作基础,以砖砌面封顶,并用石灰碎石灌注。

娘子关

娘子关被称为万里长城第九关,为历代兵家必争之地,最早为唐太宗李世民胞姐平阳公主所筑,现存的关城筑建于明朝。

潼关

潼关是关中的东大门,历来为兵家必争之地,始建于东汉末年,抗日战争期间被日军隔河炮击、飞机轰击,中华人民共和国成立后对部分建筑进行了修复。

剑门关

剑门关是进入四川的咽喉,军事重镇,兵家必争之地。据传,剑门关为诸葛亮任蜀相时所建,当时称为剑阁关,唐朝以后才改称为剑门关。

镇南关

今广西南宁友谊关,是中越两国边境最重要的隘口,始建于西汉,初名"雍鸡关",明洪武元年(1368年)建为两层门楼,改名为镇南关。

虎牢关

洛阳东边门户和重要的关隘,据传周穆王曾将进献的猛虎圈养于此,故名虎牢关,是历史上有名的古战场。

嘉峪关

嘉峪关始建于明洪武五年(1372年),是明长城最西端的关口,因地势险要,建筑雄伟,有"天下第一雄关"之称。

近代车辆动力大变革

明朝时期，中国的政治、经济、文化、教育、军事在当时世界上都堪称一流。根据1585年门多萨所著《中华大帝国史》记载可知，明朝官道可容15匹马并行，路边商铺林立，都城北京是当时世界上最大的城市。明朝的农业相当发达，即使小村镇都有充足的肉食；纺织业、造瓷业、造船业也相当发达。明朝的船只使用寿命比欧洲长两倍，朝廷4天之内可征集600艘战舰，军舰上的火炮最远射程约为2250米，而欧洲直到1815年才达到这样的水平。明朝具有独特的教育体系，图书种类丰富，百姓非常讲文明和有教养。

清朝中国则落后贫穷到令人触目惊心的地步。1793年，英国马戛尔尼使团副使斯当东出使中国时曾说："遍地都是惊人的贫困……人们衣衫褴褛，甚至裸体……"马戛尔尼还惊奇地称清朝的武装部队如同一群叫花子。马戛尔尼使团出使中国时距离郑和宝船出海已近400年，距离明朝水师五度击败荷兰海军仅154年，中国航海技术就已衰落到被人耻笑的地步。

清朝长期实行的闭关锁国和海禁政策，是造成中国贫穷落后的主要原因。落后就要挨打，鸦片战争失败后，一些有识之士意识到，想要改变落后挨打的现状，就要学习西方的先进技术，引进西方先进的交通工具，大力发展现代化的交通事业。

1872年，清政府开始派遣大量的留学生去西方留学，设立造船厂制造机动轮船，修筑铁路，从西方进口汽车、自行车、有轨电车等，改变了鸦片战争前中国以独轮车和轿子为主要交通工具的落后现状，揭开了近代车辆动力大变革的序幕。

"黄鹄"号蒸汽轮船

中国第一艘蒸汽机轮船，1866年4月为徐寿、华蘅芳等人设计制造，制成后曾国藩赐名为"黄鹄"。船长17米，载重25吨，逆流时速约16里，顺流时速约28里。

独轮车

俗称"手推车",最早出现于汉朝,又称为"公鸡车",最初主要用于载物,西方资本家在中国建厂时,成为搭载纺织女工去工厂上班的主要交通工具。

黄包车

一种用人力拖拉的双轮客运工具,1874年由法国人从日本引进,称为东洋车,后来因为车身一律涂成黄色,所以又叫黄包车。车轮用橡胶制成,跑起来又快又稳,乘坐舒适,民国时期曾风靡一时。

西式马车

清末从西方运到中国的马车,车轮有双轮的,也有四轮的;结构造型随意,有有篷的,也有无篷的。清末到民国期间,西式马车是人们出行、郊游的代步工具,曾风行一时。

坐汽车的慈禧

中国出现最早的汽车是1901年匈牙利人从美国购买并运到上海的两辆汽车。1902年,袁世凯从香港购买一辆汽车,作为生日贺礼送给慈禧太后。慈禧试乘时,发现司机竟然坐在她前面,这让她大为恼火,于是立马下车,并将这辆汽车打入冷宫。

骑自行车的皇帝

清朝同治七年(1868年)11月,几辆自行车首次从欧洲运来上海。清朝末年,自行车在中国已相当普及,清朝末代皇帝溥仪非常喜欢骑自行车,为了能让自行车在皇宫里自由穿行,曾下令将许多宫门的门槛锯掉。

轨道电车

欧洲人发明的一种采用电力驱动并在轨道上行驶的车辆,简称电车。1904年香港开通电车后,电车在天津、上海、大连等中国设有租界和通商口岸的城市陆续开通。老式电车由于噪声大、耗电多,于20世纪30~50年代被弃用。

步履维艰的中国铁路

1830年，英国利物浦—曼彻斯特铁路的开通，标志着铁路时代的来临。鸦片战争后，西方国家为进一步打开中国的大门，多次向清政府提出在中国修建铁路的要求。但清政府当权者慈禧太后把铁路视为"奇技淫巧"，对外国人在中国修铁路的请求一概拒绝。

1865年，英国商人杜兰德在北京宣武门外修建了一条长约500米的小铁路，并让一辆小火车在上面跑来跑去，想借此激发清政府对火车这种交通工具的兴趣。可惜，此举非但没得到赞赏，反而引起清朝官民的恐慌；慈禧更是将这条小铁路视为可怕的东西，下令限期拆除。

1876年，英国商人未经清政府批准，偷偷修了一条上海到吴淞的铁路，引起了清政府的强烈不满。清政府多次要求英国人停止施工，但没有什么用。最后，清政府只好花巨资将铁路赎回并拆除。

1879年，清政府计划修建一条从唐山到胥各庄的铁路。慈禧害怕修建铁路会危及清王朝的统治，便下令停止修建所有铁路。在李鸿章的努力下，1880年唐胥铁路才获准修建。1881年11月，这条长约7.5千米的唐胥铁路终于正式完工。

1905年，清政府任命从海外留学归来的詹天佑为京张铁路的总工程师，主持修筑一条从北京到张家口的铁路。从北京到张家口，一路上崇山峻岭，特别是南口到八达岭一带地势险峻，坡度很大。为了能在这一带修建铁路，詹天佑巧妙使用"竖井开凿法"，在八达岭开凿出一条1000多米的隧道。詹天佑还在青龙桥修筑了一段"人"字形铁路，克服了八达岭坡度大火车难以直接爬行的问题。

1909年，全长约200千米的京张铁路终于建成。这是中国首条不用外国人员，完全由中国人自行设计建造完成并投入运营的铁路。

宣武门外的小火车

1865年，北京城宣武门外一条长约500米的小型铁路上，慢慢驶来一辆带着几节车厢的蒸汽机车，慈禧知道后说："亡我大清，把它给我拆了。"

西苑铁路

中国皇家第一条铁路是在皇城御苑内修建的一条从中海瀛秀园至北海镜清斋的铁路，全长 1510.4 米，始建于光绪十二年（1886 年），历时两年竣工。据传西苑铁路建成后，慈禧太后经常从紫光阁站乘坐人力拉动的小火车游览北海，然后到镜清斋休息。

龙号机车

我国第一台蒸汽火车，落成运行当天被当时唐胥铁路总工程师的夫人命名为"中国火箭号"。因为中国工匠在车头两侧各镶嵌了一条金属刻制的龙，所以又称为"龙号机车"。

马拉的火车

唐胥铁路建成后，清政府以火车汽笛声过大，吵到清东陵的祖先为由，不准在铁路上使用蒸汽机，于是便出现了运输工人用驴、马拉着煤车在铁道上运行的荒唐可笑之举。

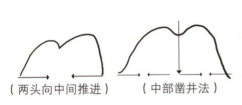

竖井开凿法

开凿隧道的方法，为詹天佑修筑京张铁路时发明，先从山顶往下打一口竖井，再分别向两头开凿隧道，隧道外面两端也同时施工，这样可以把工期缩短将近一半。

人字形铁路

詹天佑主持修建京张铁路时，发现从南口到八达岭岔道的这段路地势陡峭，坡度非常大。这样的坡度火车很难直接爬上去。于是，他就设计出一种"人"字形铁路。北上的列车到南口时就用两个火车头，一个在前面拉，一个在后面推；过青龙桥，列车向东北前进，过人字形铁路的岔道口时，就倒过来，原先推的火车头拉，原先拉的火车头推，使列车折向西北前进。这样，火车上坡就容易多了。

古人的飞天尝试（一）

看到鸟儿在天空飞翔，看到流云在天上飘荡，古人既羡慕又向往。人类很早以前就向往飞行，但在科技未能达到现代水平的古代，人们只能通过虚拟的神话传说来寄托自己的飞行幻想。我国著名的嫦娥奔月、黄帝乘龙升天等神话就寄寓了古人对飞行的热望。

虽然古代科学技术不发达，但几千年来，我国古人的飞天梦从未停歇，一直尝试着制造各种飞行器来实现在天空自由翱翔的梦想。古人发明的木鸢（yuān）、风筝、飞车、竹蜻蜓等飞行器，就是现代飞行器的雏形，对航空事业的产生和发展有着重要的影响。

嫦娥奔月

传说，后羿射下九个太阳后，从西王母那儿得到一颗不死药。后羿的妻子嫦娥偷偷吃下不死药后，身体突然变得很轻，飞离了地球，升向太空，最后到达了月球。嫦娥奔月体现了中国古人的航天思维：借助外力，克服地心的引力，飞向月球。

黄帝乘龙升天

据传，黄帝晚年在桥山开采荆山的铜矿铸造青铜鼎。鼎铸造成功时，一条金龙从天上飞来，拖着长长的龙须，口吐人言，说要接黄帝升天。于是黄帝跟众人告别，跨上龙背，乘龙升天去了。这个故事体现了古人想借助飞行器（金龙）升天的飞行思维。

最早使用飞行器物的人

据传，一天舜爬上屋顶修理谷仓，谷仓突然燃起了熊熊烈火。为了逃生，舜急中生智，双手各拿一个大斗笠当成翅膀，从谷仓上滑翔而下，逃出生天。作为最早使用飞行器物的人，舜帝收获了大量的粉丝。之后几千年，代代都有"熊孩子"，拿着风筝、被子或雨伞，效仿舜这位先祖，自信地从高处跳下……

竹蜻蜓

春秋时期我国发明的简单而神奇的玩具，外形呈T字形，用竹片当螺旋桨，中间开孔，插入一根竹柄就制成了。玩时双手快速搓转竹棍，松开手，竹蜻蜓就会旋飞上天。竹蜻蜓于18世纪传到欧洲，直升机的螺旋桨就是仿照竹蜻蜓的样子发明的。

木鸢

我国古代有许多关于飞行器的记载。据传，战国时期墨家学派创始人墨子曾花三年的时间，制成一架鸟形飞行器，叫木鸢，可以借助风力在天空飞行一段时间。

竹鹊

据传，鲁班也用竹子制成了一架飞行器，叫竹鹊，可以不借助任何动力飞行三天三夜。

汉朝"翼装侠"

翼装飞行可以说是人类飞天梦的具体行动。据传，汉朝有个匠人跟王莽说，自己能在天空飞翔，并当场表演。匠人先将用大鸟羽毛制成的两只巨大翅膀用绳绑在手臂上，头上和身上也插上羽毛，双脚弹地而起，飞了起来，可惜只飞了100多步就落下来了。这个匠人就是我国最早的"翼装侠"。

北齐"翼装侠"

南北朝时期，我国出现了另一位"翼装侠"。《北史》记载，北齐皇帝高洋曾命人将他的敌人——元黄头，押到一个67丈高的高台上，强迫他乘风筝跳下，想让他摔死。可是元黄头竟然乘着风"飞"到城外，并安全落地。不过，元黄头最后还是被高洋杀害了。

奇肱国飞车

奇肱（jī gōng）国飞车是我国古代神话传说中的一种飞行器。据传远古时期，远方有一个国家叫奇肱国。奇肱国人都非常厉害，会制造一种能够借助风力在空中飞行的飞车。但这种飞车在空中时无法控制方向，只能随风而行。后来，商朝开国君主商汤灭了奇肱国，并把飞车全部烧毁，奇肱国的飞车就这样失传了。

明朝飞车

清朝学者徐蒉先的《香山小志》记载，明朝时苏州名匠徐正明，经过10年摸索，终于制造出一辆飞车。这辆飞车的样子像一把圈椅，下面装有机关和齿轮。人坐在椅子上，双脚踩踏两块木板，机关和齿轮就会旋转起来，带动椅子飞离地面。虽然这辆飞车不能飞过屋顶，但却是飞行梦想的一次大胆尝试。

古人的飞天尝试（二）

遨游太空是人类的愿望。我国古人在汉朝开始使用燃力将孔明灯送上天空。宋朝发明火箭后，经过不断地改良，到明朝时开始有人尝试利用火箭强大的力量将人送上天空。可以想象，在当时的条件下坐火箭升空的人下场是多么凄惨。不过，它却是古代利用火箭实现飞天梦想的最初尝试。

1909年9月21日，在美国学习航空机械的冯如，制造出中国第一架国产飞机，中国人的飞行梦实现了。2003年10月15日，我国第一艘载人飞船神舟五号发射成功，中国人几千年飞向太空的梦想终于实现了。

孔明灯

西汉初期，淮南王刘安曾将燃烧的艾火放进鸡蛋壳里，在燃力的推动下，鸡蛋壳飞了起来。这是世界上最早尝试用燃力使热气球升空的记载。东汉末年出现了一种可以飞上天空的灯，据传此灯是诸葛亮发明的，所以又称为孔明灯。孔明灯最初被用来传递军事信号，后来多作祝福之用，所以又称为天灯。

走马灯

据传，走马灯是五代时期莘七娘发明的，在宋朝成为深受欢迎的手工艺品。走马灯的制作原理是利用热对流作用，通过下部热空气上升，带动叶轮旋转，点燃后会在地上旋转，是航空喷气发动机的最初雏形。

原始火箭

世界上最原始的火箭出现在宋朝，主体用纸糊成筒状，再把火药装在纸筒里压实，绑在箭杆上，然后用弓发射出去。北宋开禧二年（1206年），宋朝人又制作出火药鞭箭。这种火箭将火药直接装入箭杆中间，爆炸时响声很大，可以恐吓敌人。

震天雷炮

神火飞鸦

明朝初期出现的一种装有翅膀的飞弹，攻城时只要在顺风的地方点燃引火线，震天雷炮就会飞入城内，等引火线烧完，火药就会爆炸。

明洪武十年（1377年）出现了一种原始的并联式火箭，用细竹篾和芦苇编成，外形像乌鸦，内部装满火药，鸦身两侧各装两支"起火"。"起火"被点燃后，在燃力的推动下，"神火飞鸦"升空后能飞行300多米，落地时鸦身内的火药被点燃爆炸，可使敌人的营地燃起熊熊烈火。

飞龙出水

万户飞天

明朝发明的一种水陆两用的火箭，是二级火箭的始祖，用大竹筒做成"龙身"，龙腹装入若干火箭（二级火箭），"龙身"上前后各扎两只大火箭（一级火箭），龙头和龙尾用木头做成。使用时，先点燃一级火箭，飞出两三里后，引火线开始点燃二级火箭。在燃力的推动下，二级火箭从"龙口"中飞出，烧杀敌人。

明朝时有个猛人叫陶成道，因官职名叫万户，故人们又称他为万户。万户精通火器，晚年时手里拿着两只风筝，将自己捆绑在座椅上，椅后加装47枚火箭，用蜡烛点燃火箭后升空，不久火箭爆炸，万户也为此献出了生命。后世将万户称为"火箭飞行第一人"，为了纪念他，月球上的一座环形山被命名为"WanHoo"。

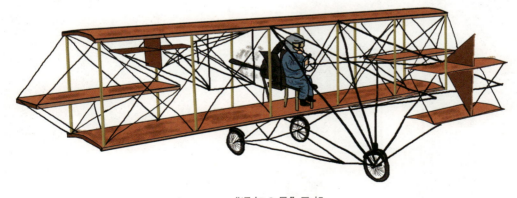

"冯如2号"飞机

冯如是中国第一个真正实现飞行梦想的人，被誉为"中国航空之父"。1884年，冯如出生于广东恩平，12岁跟父亲到美国。1908年4月，冯如制造出第一架飞机，命名为"冯如1号"，可惜试飞没有成功，但他没有灰心。1909年2月，冯如制造出第二架飞机，命名为"冯如2号"，并试飞成功，这是中国人自己研制成功的第一架飞机。

古代交通规则

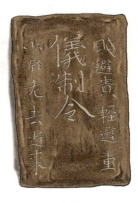

仪制令

古代没有汽车，是不是就没有交通规则了呢？其实，古代虽然没有汽车，但是有马车、牛车、驴车等，所以也是有交通规则的。

我国是世界上第一个实行人车分流、行人分行的国家。先秦古籍《考工记》记载："出入城门时，男子要靠右行，女子要靠左行，车辆要走路中间。"从周朝开始，我国历朝历代都拥有相应的交通规定。

跟现代司机一样，古代车夫也要取得驾照之后才能"开车"。《周礼·五御》是现代学习、考核驾驶技术制度的前身。古代驾照的考核相当严格，秦朝颁布的《除吏律》规定，驾考只有四次机会，没考到就要罚四年徭役（无偿劳动）。唐朝时，驾照考核相对轻松，车夫只需持证上岗，驾驶驴车、牛车载人、载物时，完成相应操作即可。

唐朝初期，为了缓解交通压力，唐太宗听从了马周的建议，推出了交通法规《仪制令》。《仪制令》做了如下规定：

一是规定出行方向。规定出入城门必须"入由左，出由右"，即入城走左边，出城走右边。皇帝出行则例外，要走"专用道"，进

唐朝颁布的《仪制令》是我国最早的交通规则，带有一定的强制性。《仪制令》在宋朝相当盛行。宋朝的交通工具种类众多，混杂在一起，容易造成交通秩序混乱。北宋太平兴国八年（983年），宋太宗下诏，将《仪制令》刻在木牌上，竖立于京都开封以及各州县城内主要街道，作为交通规则，要求人人遵守。南宋时期，竖立木牌的地点移到了县城外的乡村。

骑马撞人会被流放

《仪制令》规定,纵马撞人致人伤亡,除赔偿医疗费外,还要被流放3000里。

出"专用门"。

二是限速。规定除了执行紧急公务,或治病救人外,不得在街道和小巷中快速骑马、驾车或超载,否则要被打五十大板,如果因此致人伤亡,除赔偿医疗费外,还要被流放3000里。

三是避让规则。规定"凡行路巷街,贱避贵,少避老,轻避重,去避来",意思是平民要给官员让路,年轻人要给老年人让路,轻装的车要给载重的车让路,出城的要给进城的让路。

《仪制令》甚至还规定外国使节到来时,相关道路会暂时封路,现代临时性交通管制措施就是据此而来的。

靠右走的由来

据传,现代靠右走的交通规则最早来源于古代军队的队列规定。古代,战士们行军时,右肩都扛着矛或剑等兵器,当两军相遇时,只好把左面让给迎面而来的军队,自动靠右边行走。久而久之,便成了一条古代军队之间互相遵守的交通规则,代代相传,直至今日。

61

版权专有　侵权必究

图书在版编目（CIP）数据

写给孩子的古人日常生活. 出行的知识 / 大眼蛙童书编绘. -- 北京：北京理工大学出版社，2024.10
ISBN 978-7-5763-2390-0

Ⅰ.①写… Ⅱ.①大… Ⅲ.①社会生活—中国—古代—儿童读物②交通运输史—中国—儿童读物 Ⅳ.①D691.93-49②F512.9-49

中国国家版本馆CIP数据核字（2023）第089074号

责任编辑：王梦春　　**文案编辑**：李晴晴
责任校对：刘亚男　　**责任印制**：李志强

出版发行 /	北京理工大学出版社有限责任公司
社　　址 /	北京市丰台区四合庄路6号
邮　　编 /	100070
电　　话 /	（010）68944451（大众售后服务热线）
	（010）68912824（大众售后服务热线）
网　　址 /	http://www.bitpress.com.cn

版 印 次 /	2024年10月第1版第1次印刷
印　　刷 /	三河市嘉科万达彩色印刷有限公司
开　　本 /	787mm×1092mm　1/16
印　　张 /	16
字　　数 /	280千字
定　　价 /	198.00元（全四册）

图书出现印装质量问题，请拨打售后服务热线，负责调换